Karl Spiesberger

Der erfolgreiche Pendelpraktiker

Karl Spiesberger

*Der erfolgreiche
Pendelpraktiker*

Das Geheimnis des siderischen Pendels

Ein Querschnitt durch
das Gesamtgebiet der Pendelpraxis

Verlag Hermann Bauer
Freiburg im Breisgau

CIP-Titelaufnahme der Deutschen Bibliothek

Spiesberger, Karl:
Der erfolgreiche Pendelpraktiker – Das Geheimnis
des siderischen Pendels ; ein Querschnitt durch das
Gesamtgebiet der Pendel-Praxis / Karl Spiesberger. –
15. Aufl. – Freiburg im Breisgau : Bauer, 1989
ISBN 3-7626-0100-3

Mit 38 Zeichnungen.

15. Auflage 1989
ISBN 3-7626-0100-3
© by Verlag Hermann Bauer KG, Freiburg im Breisgau.
Alle Rechte vorbehalten.
Satz: Fotosetzerei G. Scheydecker, Freiburg im Breisgau.
Druck und Bindung: Druck- und Verlagshaus Rombach GmbH,
Freiburg im Breisgau.
Printed in Germany.

Inhalt

Vorwort 7

I.   Anwendungsgebiete 9

II.   Erprobung der Pendelfähigkeit 11

III.   Voraussetzungen für erfolgreiches Pendeln . 13

IV.   Odmagnetische Praxis
       1. Odreinigung der menschlichen Aura . . . 21
       2. Odreinigung von Gegenständen 23
       3. Einodung 24
       4. Das Magnetisieren von Gegenständen . . 26
       5. Der Automagnetismus 28
       6. Die Sonnen-Prana-Übung 30

V.   Grundlegende Pendelversuche
       1. Auspendelung anorganischer und
          organischer Stoffe 32
       2. Feststellung odmagnetischer
          Schwingungen 36
       3. Ermittlung des Geschlechts 38

VI.   Die Aufdeckung der Beziehung zur Umwelt
       1. Das Pendel verrät Sympathie
          und Antipathie 40
       2. Aufhellung von Liebesbeziehungen 44

VII.   Medizinische Pendeldiagnose 49
       1. Auspendelung des menschlichen Körpers 50
       2. Das Pendeldiagramm des gesunden
          Menschen 52

	3. Das Schwingungsfeld der Aura	54
	4. Chakra-Pendelung	55
	5. Lebenskraft	56
	6. Sexuelle Potenz	56
	7. Virginität – Imprägnation – Telegonie	57
	8. Erkrankte Organe	60
	9. Heilmittel – Diät – Gifte	62
VIII.	Charakterveranlagung und Pendeldiagramm	65
IX.	Polarisation	
	1. Odmagnetische Polarisation	79
	2. Polarisation der Finger	80
	3. »Triebseelen«-Polarisation	81
X.	Eigenstrahlung oder Durchstrahlung?	83
	Experimente nach Straniak	
	1. Grundversuch	85
	2. Versuche mit dem »Bährschen Winkel«	89
XI.	Das Pendel als Hellseher	91
XII.	Versuche mit Gedankenformen	96
XIII.	Das astrale Pendel	
	1. Warnung vor spiritistischem Pendeln	99
	2. Feststellung astraler Schwingungen	101
XIV.	Auspendelung von Symbolen	
	1. Versuche mit Ursymbolen	104
	2. Versuche mit dem Pentagramm	105
	3. Versuche mit der »Wolfsangel«	107
	4. Versuche mit Siegeln, Glyphen, Talismanen	107
	5. Runenpendeln	108
	6. Farbenpendeln	110
XV.	Pendel und Rute	111
XVI.	Ursache der Pendelbewegungen	114
	Literaturhinweise	118

Vorwort

Der erfolgreiche Pendelpraktiker, ein Buch, das die an sich umfangreiche, aber größtenteils vergriffene Pendelliteratur wieder um ein Exemplar vermehrt, sieht seine Aufgabe darin, dem Pendelfreund in knapper und übersichtlicher Form einen Einblick in das weite Gebiet der Pendelforschung zu vermitteln. Als Handbuch beabsichtigt es, möglichst wenig an Theorien zu bringen, um so mehr jedoch an praktischen Anregungen zu bieten. Den Überbeanspruchten will es der zeitraubenden Mühe entheben, das Brauchbare aus soundso vielen, meist nicht greifbaren Schriften zusammenzusuchen. Langatmige historische, philologische oder sonstwelche Erörterungen werden vermieden: Das Experiment steht obenan.

Jeder Zweig der Pendelforschung soll zu Wort kommen, sowohl der naturwissenschaftliche als auch der magische. Die transzendentalen Schwingungszustände verdienen die gleiche Beachtung wie die natürlichen Strahlungsvorgänge. Mit einer Vielzahl von Versuchsmöglichkeiten und den Arbeitsweisen führender Pendelpraktiker wird der Leser vertraut gemacht.

Aus der Fülle der Anregungen entnehme der Pendelschüler das ihm »Gleichgesinnte«. Nur selbst erarbeitete Erfahrung führt zum individuellen Gebrauch des Pendels. Wer sich seiner mit Erfolg bedienen will, dem bleibt das Suchen nicht erspart.

Dem reichen Tabellen- und Skizzenmaterial der Pendelliteratur wurde eine Anzahl kritisch ausgewählter Zeichnungen und Aufstellungen entnommen. Obwohl deren Gültigkeit nur relativ ist, wie der angehende Praktiker bald merken wird, sind sie doch richtungweisend.

I. Anwendungsgebiete

Das siderische Pendel fasziniert viele Anfänger auf dem Gebiet des Okkulten. Als Zauberring schon im Altertum zu Wahrsagezwecken benutzt, eng verwandt mit der Wünschelrute, dem »magischen Reis«, schreibt man dem Pendel auch heute noch die wunderbarsten Eigenschaften zu. Nahezu alles, behaupten die Pendelpraktiker, könne ausgependelt werden:

1. Anorganische Stoffe, wie Metalle, Chemikalien und dergleichen, um deren Zusammensetzung zu ermitteln. Auch Edelsteine lassen sich auf ihre Echtheit prüfen.
2. Organische Stoffe, vor allem Nahrungs- und Genußmittel sowie Medikamente, wieweit sie dem menschlichen oder dem tierischen Organismus zuträglich sind.
3. Der Körper und seine Organe. In der Hand des Könners ist das Pendel das ideale Instrument zum Stellen von Diagnosen.
4. Die Beziehung von Mensch zu Mensch, Sympathie und Antipathie, Freundschaft und Partnerschaft, die Übereinstimmung in geistiger, seelischer und sexueller Hinsicht zwischen Liebenden: Dies alles verrät das Pendel dem Kundigen.
5. Die Charakterveranlagung ist ebenfalls mittels Pendel festzustellen.
6. Ähnlich der Wünschelrute zeigt auch das Pendel Bodenstrahlungen, Reizstreifen an.
7. Der Praktiker in der Magie kontrolliert mit Hilfe des Pendels die Stärke der Strahlkraft bei seinen Arbeiten auf dem Gebiet des Heilmagnetismus und der Chakra-

behandlung, bei Versuchen mit Gedankenformen und sämtlichen odmagnetischen Experimenten.

8. Über den Wert und die Anwendungsmöglichkeiten von Symbolen, Glyphen, Siegeln, Runen, Talismanen gibt dem Magus ebenfalls das Pendel Bescheid. Ferner zeigt es dem Experimentator, ob und wo sich jenseitige Intelligenzen in seiner Nähe befinden.

9. Auch Fragen nach Vermißtem, Verlorenem oder auch Zukünftigem beantwortet bereitwillig das Pendel.

Letzteres ist ein Gebiet, auf dem sich viele Scharlatane leider immer noch austoben. Der Anfänger in der Pendel-magie vermeide derlei Fragen so lange, bis er genügend geschult ist, um die Kräfte, deren er sich bedient, zu erken-nen und zu beherrschen! Unterbewußte Strebungen und Einflüsse jenseitigen Ursprungs sind hier oft am Werke. Wahrheit mengt sich nicht selten mit diabolischem Trug.

Die genannten Anwendungsgebiete lassen erkennen, von wo das Pendel seine Antriebskraft empfängt. Der Esoteriker spricht in der Regel von drei Imponderabilien, die die Pendelbewegungen verursachen:

1. Die Strahlungskräfte, die in allem Organischen wie An-organischem wirksam sind.

2. Die Psychodynamik des Unbewußten und die Kraft des Gedankens.

3. Die Kräfte der Transzendenz. (Jenseitige Wesenheiten wie Spirits, Dämonen, Elementargeister.)

Dem praktisch arbeitenden Esoteriker ist das Pendel ein unentbehrliches Hilfsmittel. Leider ist nicht jeder Mensch pendelfähig. Der minder Sensitive trachtet danach, eine hierfür geeignete Person auszubilden. Er erziehe sich ge-wissermaßen ein Pendelmedium.

II. Erprobung der Pendelfähigkeit

Die Frage nach der Pendelfähigkeit ist rasch zu lösen.

Bevor Sie sich ein regelrechtes Pendel beschaffen (was für später von Vorteil ist), nehmen Sie einen Ring ohne Stein (Ehering zum Beispiel). Befestigen Sie denselben an einen 20 bis 30 cm langen glatten Zwirn- oder Seidenfaden. Fassen Sie nun das freie Ende mit dem Daumen und Zeigefinger der rechten Hand. Halten Sie dieses improvisierte Pendel über Ihre linke Hand – oder über die Hand oder sonst einen Körperteil einer anderen Person. Sie können ebensogut auch ein Photo, eine Handschrift oder einen Metallgegenstand benützen.

Fragen Sie im Geist nach der Ausstrahlung, die dem Versuchsobjekt entströmt.

Verharren Sie unbeweglich, ruhig atmend, bis das Pendel ausschlägt. Stützen Sie den Ellbogen des rechten Armes auf. Jedes unwillkürliche Zucken der Hand ist zu vermeiden. Der Körper bleibe vollständig entspannt; die Gedanken seien nach bestem Vermögen ausgeschaltet.

Warten Sie gelassen bis zu einer Viertelstunde. Schlägt selbst dann das Pendel noch immer nicht aus, unterbrechen Sie das Experiment und wiederholen Sie das gleiche *an anderen Tagen zu verschiedenen Zeiten* und mit anderen Fingern. (Siehe Kapitel IX, »Polarisation«, Seite 79.) Sollte auch da kein Ausschlag erfolgen, müssen Sie sich, zumindest vorläufig, für nicht pendelfähig erklären und bestrebt sein, jemand anders hierfür zu interessieren.

Jedenfalls ist es vorteilhaft, einen zweiten Pendler zur Kontrolle der eigenen Ergebnisse heranzuziehen, nur muß dieser mit Ihnen »gleichgestimmt« sein, das heißt, er muß unbeeinflußt von Ihnen über jedem Pendelobjekt die gleichen Figuren erzielen wie Sie. Bekommen Sie Ausschläge, lassen Sie es zunächst damit bewenden, bis Sie sich einen fachmännisch hergestellten Pendel beschafft haben.

III. Voraussetzungen
für erfolgreiches Pendeln

Haben Sie Ihre Pendelfähigkeit festgestellt, gilt es nunmehr, die *Kunst des Pendelns* zu erlernen, denn zwischen der Veranlagung zum Pendeln und der Meisterschaft hierin liegt ein weiter Weg. Gehorsam folgt das Pendel dem Geschulten, dem wägenden Könner; mit sinnlosen Figuren äfft er den Unkundigen, den leichtgläubigen Sensationshascher. Von der ersten Sorte gibt es nur wenige, von letzter wimmelt es geradezu.

Pendelformen

Die gebräuchlichste Form ist die länglich konische. Manche bedienen sich eines hufeisenförmigen Pendels oder eines birnenförmigen Körpers mit auslaufender Spitze. (Bitte beachten Sie hierzu die Anzeige auf Seite 119.)

Viele Pendler, meist der magischen Richtung, arbeiten mit dem Spiralpendel. Diese neue Konstruktion gibt, wie Praktiker bestätigen, einen leichten Anschlag und eignet sich besonders zur Feststellung transzendentaler Schwingungszentren sowie zum detaillierten Abpendeln von Lichtbildern und Handschriften.

Pendelmaterial

Am häufigsten findet man Messingpendel. Nach Ingenieur Straniak soll Messing das am besten geeignete Metall für alle Zwecke der Pendelforschung sein. Beliebt sind auch Pendelkörper aus Silber; ferner begegnen wir unter anderem auch Kupfer und Bernstein als Pendelmaterial. Oft wird für männliche Pendler Messing, für weibliche Silber vorgeschrieben.

Astrologiekundige bestimmen nach Stand von Aszendent, Sonne und Planeten das Metall, das jeweils für den Betreffenden in Frage kommt.

Behandlung des Pendels

Muß im Laufe der Zeit der Pendelfaden erneuert werden, so ersetzen Sie ihn durch einen glatten Seiden- oder Leinenfaden. Rauhe, faserige Stoffe, wie Wolle oder ähnliches, sind wegen der damit verbundenen unnützen Kraftabgabe zu meiden.

Manche Pendler bedienen sich eines langen Frauen- oder Pferdehaares. Diese und ähnliche Spezialverfahren können Sie später erproben; vorläufig aber lassen Sie sie besser unberücksichtigt.

Das Pendel behandle man wie einen Kultgegenstand. Nie gebe man ihn in andere Hände, um einer Aufladung mit fremdem Od vorzubeugen. Ist er einmal berührt worden, halte man ihn einige Zeit unter fließendes Wasser (Leitung). Außerdem entode man das Pendel vor und nach der Wasserspülung gründlich. Mit einer sachgemäßen Einodung beende man die Prozedur (siehe Seite 24).

Das Einoden, zumindest ein dreimaliges Behauchen des Pendels, sollte vor Gebrauch niemals unterbleiben.

Körperliche Reinigung

Auch eine vorherige Reinigung der Hände, wie sie auch der Pendelpraktiker Vöckler zur Bedingung macht, ist von Nutzen. Erlauben es Ort und Zeit, entode man auch die Aura. Keinesfalls soll die Entodung des Prüfungsobjektes, des Versuchsgegenstands, unterlassen werden.

Verhalten der Zeugen

Der Anfänger pendle ohne Zeugen. Nicht selten stellen Zweifler und Kritiker den Erfolg in Frage. Es besteht die Gefahr einer bewußten, aber auch unbewußten telepathischen Beeinflussung der Pendelausschläge. Starke Willensimpulse seitens eines Dritten vermögen das Pendel völlig zu lähmen, wie ich wiederholt erprobt habe. Man mache den Anwesenden zur Pflicht, sich gedanklich neutral zu verhalten, vor allem das Pendel nicht zu fixieren, denn auch die den Augen entströmenden odischen Emanationen können unter Umständen das Pendelergebnis beeinträchtigen. Wichtige Pendelungen nehme man immer allein vor; das sei die Regel! Damit stimmt die Mehrzahl der Praktiker überein.

Sind Zeugen anwesend, dürfen sie nicht zu nahe stehen. Auch das Strahlungsfeld des Körpers, die Aura, kann das Pendelbild beeinflussen. A. Frank Glahn schreibt einen Abstand von mindestens eineinhalb Metern vor.

Professor Bähr empfiehlt außerdem, in der Mitte des Raumes zu pendeln, jedenfalls die Nähe großer senkrechter Flächen (Wände, Schränke und ähnliches) zu meiden.

Pendelgriff

Auch über das Halten des Pendelfadens, über den Pendelgriff, wie wir ihn nennen wollen, ist einiges Prinzipielle zu sagen. Jeder Pendler schwört auf seine Manier. Die gebräuchlichste Art des Pendelgriffes ist das Halten des Fadens mit dem Daumen und dem Zeigefinger der rechten Hand. Diesen Griff empfehlen Pendelfachleute wie A. Frank Glahn, Sanitätsrat Dr. med. Clasen, Dr. med. Weiß, doch kommt erstgenannter in seinen späteren Schriften wieder davon ab. Seiner Erfahrung nach soll diese Pendelhaltung die Muskeln ermüden und so den Kraftstrom hemmen. Deshalb schlägt Glahn vor, das Fadenende an einen Ring zu knoten und den Metallreif auf das genannte Fingerglied zu schieben. Fachkundige wie Völckler oder Weiß stimmen diesem Pendelgriff zu.

Die verbleibenden Finger der rechten Hand sollen nach Glahn gefaustet werden; davon raten jedoch Clasen und Reichenbach ab. Sie empfehlen, die unbeteiligten Finger an den Zeigefinger zu legen, besonders bei dem Pendelgriff Daumen – Zeigefinger.

Die unbeschäftigte Linke lassen viele Pendler unbeachtet. Glahn legt sie mit gespreizten Fingern auf den Rücken. Diesem Verhalten stimmt Völckler bei, der die linke Hand auch seitlich bei gleicher Fingerspreizung herabhängen läßt.

Erproben Sie diese Pendelgriffe und verwerten Sie sie je nach Erfahrung.

Geradezu revolutionierende Aufschlüsse hinsichtlich der Pendelhaltung gibt Ingenieur Straniak, mit dessen Methode wir uns aber erst im Abschnitt »Polarität« befassen wollen.

Der Abstand des Pendlers vom Versuchsobjekt

Der Pendler komme dem zu bependelnden Gegenstand nicht zu nahe; sechzig Zentimeter, wie manche vorschlagen, dürfte jedoch etwas zu weit gegriffen sein.

Die Stellung beim Pendeln

Die Pendelversuche können im Sitzen oder im Stehen vorgenommen werden. Im Sitz ist der Ellenbogen auf die Tischplatte aufzustützen. (Weiß pendelt frei mit nach außen gekrümmten Ellenbogen.)

Reinigen des Versuchsobjekts

Praktiker empfehlen, alle Gegenstände, ehe wir sie auspendeln, einer gründlichen odischen Reinigung zu unterziehen. Das gilt besonders für Objekte, die durch verschiedene Hände gegangen sind. Das auf sie durch Berührung übertragene fremde Od wird durch entsprechende entodende Strichführung entfernt. Wo das Material des Gegenstandes es zuläßt, kann das Versuchsobjekt eine Zeitlang fließendem Wasser ausgesetzt werden; ebenso der bewegten Luft.

Isolierung

Die Isolation bereitet manchem Pendler Kopfzerbrechen. Viele isolieren die Beine des Tisches, auf dem das Pendelobjekt liegt, mit Glas, Linoleum, Gummi, weißem ungebrauchtem Papier oder Wachsleinen. Auch den sorgfältig entodeten Versuchsgegenstand legen sie auf eine der genannten isolierenden Unterlagen.

Ferner sind alle Metallgegenstände (Uhren, Ringe, Etuis) vom Körper zu entfernen. Dies ist eine Vorsichtsmaßregel, der die meisten zustimmen. Der Tisch, der zu den Versuchen dient, darf gleichfalls keine Metallteile aufweisen. Ebenso ist der Inhalt der Schubladen zu entfernen.

Diese Maßnahmen schützen weitgehend vor störenden Strahlungseinflüssen. Nur herrschen leider in der Frage des Isolationsschutzes mancherlei Widersprüche. Während die einen Glasunterlagen als strahlungsundurchlässig bezeichnen, behaupten die anderen, darunter Glahn, der alte Praktiker, Glas lasse störende Emanationen hindurch. Wäre nicht hier die Frage angebracht: Was geschieht bei Auspendelung des menschlichen Organismus? Wenn wir die Strahlungen von Hirn, Lunge, Herz und so weiter untersuchen: Wo bleibt da die Isolierung?

Sanitätsrat Clasen hält jede Art von Isolierung, auch jede

Entodungsmaßnahme, für überflüssig. Er erzielte ohne Befolgung dieser Vorsichtsmaßregeln die besten Resultate in seiner ärztlichen Praxis. Seiner Ansicht nach kommt es beim Pendeln nur auf die richtige Einstellung des Pendlers an. Damit spricht er ein bedeutungsvolles, ein wahres Wort!

Der Anfänger freilich tut gut daran, vorerst die genannten Ratschläge zu befolgen, bis ihm die eigene Praxis einfachere Wege weist.

Wahl der Himmelsrichtung

Prof. Bähr, Kallenberg und andere schreiben Blickrichtung nach Süden vor. Glahn wendete sich bei seinen Forschungen tagsüber der Sonne, nachts dem Mond zu. Oelenheinz warnt vor direktem Mond- oder Sonnenlicht. Nach Kallenberg darf kein Schatten auf das bependelte Objekt fallen. Andere hingegen, an der Spitze Clasen, stellen alle diese Einflüsse in Abrede.

Wieder sehen wir: Nur eigenes Forschen hilft!

Ich vertrete die Ansicht: Die Pendler könnten sich von vielem Ballast, von vielen eingebildeten Störungen freimachen, brächten sie endlich die Ursache der Pendelphänomene auf den einen wahren Nenner, auf den wir noch zu sprechen kommen.

Witterungseinflüsse – Gestirnkonstellationen – Mondphasen

Störend für das Pendelexperiment sollen trübe und regnerische Tage sein, auch üble Gestirnkonstellationen, mundane wie radixbedingte, desgleichen die Neumondphase.

Günstig bewerten viele Pendler die Phase des zunehmenden Mondes sowie die Zeit um den Vollmond.

Gewisse Radixstellungen sollen die Pendelfähigkeit för-

18

dern. So, nach A. Frank Glahn, Uranus und Neptun am Aszendenten oder am Meridian; ferner der dominierende Einfluß bestimmter Tierkreiszeichen, an erster Stelle die wässerigen Zeichen Krebs, Skorpion und Fische, aber auch die beiden feurigen Zodiakalbilder Widder und Löwe läßt Glahn gelten. Der Stellung des Mondes mißt man allseits große Bedeutung bei. Des weiteren kommt noch der Einfluß der magischen Häuser (besonders des 8. und 12. Hauses) und die Winkelbildungen der magischen Planeten hinzu.

Tageszeiten

Über den Einfluß der Tageszeiten bestehen bei Pendlern ebenfalls noch mancherlei Unklarheiten. Die einen schwören auf die frühen Morgenstunden, die anderen ziehen die Mitternacht vor, die dritten glauben sich nachmittags am besten zum Pendeln prädestiniert. Dies ist ein offensichtlicher Beweis, wie individuell die Kunst des Pendelns ist. Jeder muß hier den eigenen Rhythmus herausfinden.

Hinweise, nicht starre Regeln, sind bei dieser Disziplin einzig und allein am Platze. Immer diene als Richtschnur:

Vorurteilslos ausprobieren, das zum Erfolg Führende beibehalten.

Die innere Einstellung des Pendlers

Weit mehr als vorgenannte Einwände beeinflußt das innere Verhalten des Pendlers das Zustandekommen der Pendeldiagramme. Sein Gemütszustand, die Richtung seiner Gedanken, bestimmen Fehlleistung wie Erfolg.

Seelische Harmonie, beherrschtes Denken, entspannte Körperhaltung bei absoluter Neutralität gegenüber dem Experiment sind wichtiger als Isolierung, Himmelsrichtung, Tageszeiten und so weiter.

Weder Nervosität, Erregung, Zerfahrenheit noch Zweifel an seinem Können dürfen den Pendler irritieren.

Wichtigster Grundsatz sei:

Nichts Bestimmtes erwarten, keine vorgefaßte Meinung hegen, keine wunschgelenkten Vorstellungen bilden, jeden Wunschgedanken ausschalten!

Gleich einem nichtsahnenden, vorurteilslosen Zuschauer warte man auf die einsetzenden Pendelbewegungen. Unvoreingenommen, kühl beobachtend, registriere man Schwingung um Schwingung, ohne hieraus auf die eventuell noch kommenden Ausschläge Schlüsse zu ziehen.

Die Frage nach dem Pendelbild stelle man präzise gefaßt in Gedanken. Danach verharre man rhythmisch atmend, aufmerksam, affektlos, im Zustande völliger körperlicher und geistiger Passivität.

Ausgeglichene Seelenstimmung und physisches Wohlbefinden sind beim Pendeln ebenso unerläßlich wie ein gezügeltes Gedankenleben.

Das Pendel halte man gelassen über die Mitte des Versuchsgegenstands. Viele Pendler fixieren die Pendelspitze mit den Augen, andere wieder befürchten dadurch Fehlresultate und heften den Blick auf das zu bependelnde Objekt.

Zeigen sich im Verlaufe des Versuchs Ermüdungserscheinungen, verbunden meist mit einem Druck unter der mittleren Schädeldecke, breche man das Experiment sofort ab. Durch sachgemäße Pranazufuhr ist der Kraftverlust wieder auszugleichen. Auch automagnetische Exerzitien und bestimmte Prana- und Runenübungen können eingeschaltet werden.

IV. Odmagnetische Praxis

Für diejenigen Pendelschüler, die mit den notwendigen Odpraktiken noch nicht genügend vertraut sind, gebe ich nachstehende Exerzitien.

1. Odreinigung (Entodung) der menschlichen Aura

Vorbereitung

Gründliche Körperreinigung, möglichst Ganzwaschung.

Stellung

- Aufrechter Stand; Gesicht nach Süden; Entspannung – Atemrhythmus.
- Nach drei Minuten übergehen in Hockstellung; Knie geschlossen; Fingerspitzen berühren bei seitlich angelegten Armen bequem den Boden; Handrücken berühren leicht die Knöchel.
- Bei tiefer Einatmung Körper langsam aufrichten und demagnetisierender Strich seitlich des Körpers bis zu den Schläfen und über den Kopf hinaus. (Handrücken weisen zum Körper!);
- Arme in weitem seitlichem Außenbogen abwärts führen und Hände kräftig abschleudern, als befänden sich Wassertropfen daran.
- Handrücken an die Fersen (Hockstellung wie zuvor). Strichführung rückwärts über Waden, Gesäß zum Rükken, unter den Schultern durch, zu Nacken und Hinterkopf. Hände wieder im Außenbogen abschleudern.

– Handrücken vor die Zehenspitzen (Hockstellung). Einatmung, Strich an der Vorderseite des Körpers hoch, über Gesicht und Kopf hinaus. Wie üblich abschleudern.
– Alle drei entodenden Strichführungen fünf- bis siebenmal wiederholen.

Bemerkung betreffs Abschleudern der unreinen Fluidalsubstanzen von den Händen: Am zweckmäßigsten erfolgt es in eine bereitstehende Schüssel mit Wasser, das nachher sofort weggeschüttet wird.

Geistige Einstellung

Auf Reinigung der Aura, auf Entzug aller störenden, verunreinigenden Fluide und psychischen Feinstoffe achten.

Abschließend: Gründliche Reinigung der Hände mit Seife und heißem Wasser. Nachfolgend: Ölung des Körpers mit einem guten pflanzlichen Öl.

Zeit: Morgens und abends; nach engem Kontakt mit vielen Menschen (Theater, Kino, Versammlungen oder ähnliches); vor magischen Experimenten (Pendelversuchen, Odpraktiken).

Eine andere Art der Odreinigung ist das sogenannte *Abstreichen,* das besonders vor dem Schlafengehen zu empfehlen ist.

Bei mäßig gespreizten Fingern Längsstriche dicht in Körpernähe (ohne jedoch den Körper zu berühren); beginnend beim Kopf, abwärts zu den Füßen; nach allen Seiten, soweit man eben reicht. Körperrückseite vom Rücken abwärts über Gesäß, Schenkeln, Waden. Für jede Körperstelle genügt ein langsamer Abstrich. Die Abstriche können auch beliebig gesteigert werden.

Die an den Händen sich ansammelnden Fluide werden auf die bekannte Weise abgeschleudert.

Man kann auch die Hände nach jedem Abstrich in frischem (oder fließendem) Wasser abspülen.

Gegenseitige Entodung ist auf diese Weise ebenfalls möglich.

Die geistige Vorstellung ist auch hier bei jedem Strich auf Wegnahme aller schädlichen feinstofflichen Substanzen gerichtet.

2. Odreinigung (Entodung) von Gegenständen

Ähnlich der menschlichen Aura kann jeder Gegenstand, jedes Ding, gleichgültig ob organisch oder anorganisch, belebt oder unbelebt, durch fremde, disharmonische Odstrahlung verunreinigt werden. Reinigen Sie daher sämtliche in Ihrer Umgebung befindlichen Gegenstände von dem etwa anhaftenden schädlichen Fluidum.

– Legen Sie das betreffende Objekt vor sich auf eine gleichfalls entodete Unterlage. Setzen oder stellen Sie sich mit nach Süden gewandtem Gesicht davor.
– Streichen Sie mit der rechten Hand (der Handteller ist dem Objekt zugekehrt) von rechts nach links über den Versuchsgegenstand, ohne ihn jedoch zu berühren. Konzentrieren Sie sich scharf auf Wegnahme der fremden Odstrahlen. Saugen Sie diese imaginativ mit der Innenhandfläche (den sogenannten Handchakras) und den Fingerspitzen an und schleudern Sie dann das angesaugte Od (nach jedem Strich) durch kräftiges Abschleudern der Hand von sich.
– Vergessen Sie nie den richtigen Atemrhythmus.
Beim Ansichziehen, also beim Aufsaugen der infizierten Odstrahlen, atmen Sie tief und kräftig ein, beim Abschleudern derselben mit der gleichen willensgeladenen Konzentration aus.

– Bei größeren Objekten, die einer Odreinigung unterzogen werden sollen, dürfen auch beide Hände benutzt werden. Am zweckmäßigsten hält man hier die aneinandergelegten Innenhandflächen über den betreffenden Gegenstand, atmet mit plastischer Vorstellung ein und vollzieht während der Ausatmung energische Striche von innen nach außen, stets unter stärkster Imagination auf Beseitigung der störenden Strahlung.
– Eine dritte Art der Entodung wird auf ähnliche Weise durchgeführt, nur werden hier nicht die Handflächen, sondern die Fingerrücken in ihrer ganzen Länge aneinandergelegt, so daß demnach die Spitzen der Finger zur Brust weisen.

Die magische Manipulation ist an sich die gleiche.

Die entodenden Striche sind mindestens fünf- bis siebenmal zu wiederholen.

Schließen der Augen fördert die Konzentration, besonders in der Phase der Ansaugung.

Hauptsache bleibt der entsprechende Atemrhythmus sowie das bildhafte Vorstellungsvermögen auf Reinigung und Wegnahme alles Schädlichen.

Will man die Wirkung der Entodung noch erhöhen, setze man den zu reinigenden Gegenstand einige Zeit der frischen, möglichst bewegten Luft aus. Ferner bediene man sich, wo es das Material des Objekts erlaubt, der stark odreinigenden Hilfe fließenden Wassers, indem man ganz einfach den Gegenstand unter die Wasserleitung hält.

Das Pendel zeigt den Grad der vollzogenen Od-Reinigung an.

3. Einodung

Wünscht man einen Gegenstand mit unserer eigenen Strahlkraft aufzuladen, unterziehe man ihn einer sachgemäßen Einodung; ein der Entodung ähnliches Verfahren:

- Stand, wenn möglich, nach Süden.
- Lockern Sie, rhythmisch atmend, die Odkraft Ihres Körpers. Nun leiten Sie diese mittels Ihrer geschulten Vorstellungskraft in die Handflächen und Fingerspitzen.
- Legen Sie, tief einatmend, die rechte Hand (bei größeren Stücken beide Hände) über den in Frage kommenden Gegenstand, ohne diesen aber zu berühren.
- Halten Sie den Atem einige Augenblicke an und sammeln Sie bewußt das auszustrahlende Od in Handteller und Fingerspitzen an.
- Langsam tief ausatmen und die Odkraft aus Hand und Fingerspitzen mit stärkster Konzentration auf das Objekt überfließen lassen; es ständig dabei im Auge behaltend. Abschließend Hand zur Faust ballen und wie üblich im weiten Bogen zurück zur Ausgangsstellung.
- Prozedur fünf- bis siebenmal wiederholen.
- Hände stets leicht und unverkrampft, absolut locker im Gelenk. Über größere Gegenstände streicht man während der Odeinstrahlung mit der Hand, um auch tatsächlich die gesamte Fläche einzubeziehen (Abstand zirka fünf bis zehn Zentimeter).
- Kleinere Gegenstände können in der geballten Faust gehalten werden. Der Vorgang ist wieder der gleiche. Sie müssen nur darauf bedacht sein, die Odkraft während des Ausatmens mit der nötigen gedanklichen Intensität auf das Objekt überzuleiten.
- Die *bewußte Lenkung* des den Fingerspitzen in spiralartigen Schwingungen entstrahlenden Odstroms nicht vergessen. Ohne oder bei nur ungenügender Konzentration verlieren diese Strahlen (wie die Beobachtung Sensitiver ergeben hat) sofort nach Austritt an Spannung. Die Spiralen wickeln sich aus und verflüchtigen sich alsbald nach allen Richtungen.
- Anders beim *bewußten Aussenden*. Hier sind die Spiralen der odischen Emanation wesentlich kleiner, dichter und verlaufen streng geradlinig in der gewollten Richtung.

– Darum: *Konzentration – Plastische Vorstellung – Bildhaftes Gestalten.*

Nach vollzogenem Experiment gleichen Sie die Odabgabe durch bewußte Tiefatmung, Sonnen-Pranaübung oder Runenpraktiken wieder aus.

Genau wie bei der Entodung zeigt das Pendel die erfolgte Odaufladung präzise an.

4. Das Magnetisieren von Gegenständen

Ein der Einodung ähnlicher Vorgang ist das bekannte Magnetisieren von Gegenständen. Bei nachstehender Praktik der Übertragung magnetischer Strahlungskräfte auf leblose Dinge kommt es hauptsächlich auf die Beachtung der Polaritätsunterschiede an, die wir bei der gewöhnlichen Einodung zumeist unberücksichtigt lassen.

Soll ein Gegenstand *positiv* geladen werden, ruht derselbe auf der linken Hand; die rechte vollzieht die magnetische Manipulation. Bei beabsichtigter *negativer* Aufladung umgekehrt.

Als erläuterndes Beispiel diene ein Glas Wasser, das positiv geladen werden soll.

– Glas auf den linken Handteller – Körperliche Entspannung – Gleichmäßiger, vergeistigter Atemrhythmus – Stärkste Imagination.
  Die Rechte mit leicht gespreizten Fingern über den Glasrand halten, wobei die Wasserfläche beinahe berührt werden kann.
– Fünf- bis siebenmal aus- und einatmen.
  Beim Ausatmen jedesmal mit äußerster Konzentration die magnetische Lebenskraft mit entsprechender Wunschvorstellung überfließen lassen.
– Finger einige Zentimeter höher führen, jedoch weiter auf die Oberfläche des Glases gerichtet.

Wieder fünf- bis siebenmaliger Atemrhythmus und Überleitung der Odkraft.
– Abermalige Tiefatmung.
Während des Ausatmens über das Glas streichen und dabei das magnetische Fluidum gleichsam hineinpressen. Die gespreizten Finger schließen sich bis zur Beendigung des Striches allmählich. Hierauf fausten und in dem üblichen weiten Außenbogen wieder zum Ausgangspunkt zurück. Letztgenannte Streichungen können bis zu einundzwanzigmal und auch öfter wiederholt werden.

Auf diese Weise lassen sich Gegenstände, die der Krankenpflege dienen, wie zum Beispiel Watte oder Verbandzeug, magnetisieren.

Okkultistische Heilpraktiker benutzen auch Magische Spiegel, die sie mehrere Tage mit Od aufladen, meist in der Zeit des zunehmenden Mondes. Solcherart präparierte Spiegel legen sie bis zu einer Viertelstunde und mehr auf die erkrankte Stelle des Patienten und wiederholen diesen Vorgang täglich, bis das Pendel die völlige Entladung des magischen Odspenders anzeigt.

Daß natürlich nicht jedem Beliebigen diese Kräfte eignen, dürfte einleuchten. Nur durch unausgesetztes psychisches Training sind sie allmählich zu erlangen, von ganz wenigen abgesehen, die von Natur aus stark magisch begabt sind.

Nie vergesse man beim Magnetisieren die Polaritätsunterschiede. Rufen wir sie uns noch einmal ins Gedächtnis:

Positiv: den Gegenstand links halten, rechts streichen.
Negativ: rechts halten, Striche mit der linken Hand führen.

Anblasen des Gegenstandes steigert die Wirkung erheblich. Der *Hauch* ist warm, daher *positiv. Blasen* ist dagegen kalt, also *negativ.* Positiv präparierte Objekte wirken *anregend,* negativ behandelte *beruhigend.*

Freiherr von Reichenbach und seine Anhänger weichen in der Bezeichnung der Polaritätsunterschiede von der Ansicht der meisten Magnetiseure ab.

In der Odlehre gilt rechts als od*negativ,*
links als od*positiv.*

Pendel und Sensitive helfen diesen Streit schlichten. Stark sensitive Personen unterscheiden schon am Geschmack die Polarisation. Positiv magnetisiertes Wasser schmeckt frischer als negativ präpariertes. (Ausführlich hierüber in: Karl Spiesberger: *Die Aura des Menschen.*)

5. Der Automagnetismus

Die odmagnetische Strahlkraft des Menschen läßt sich durch magische Praktiken verstärken. Am bekanntesten und einfachsten ist das automagnetische Verfahren.

Bestreichen des linken Armes
Hochheben des rechten Armes, mit gefausteter Hand in weitem Außenbogen über den Kopf, abwärts zur linken Schulter.
Faust öffnen und Hand flach auf die linke Schulter legen. Konzentriert einige Sekunden verharren.
Nachfolgend langsames Herunterstreichen über Arm und Handrücken. Über letzteren etwas schneller streichen.
Nach Beendigung die Rechte kräftig abschütteln.
Abermals Kontaktschluß mit der linken Schulter und wieder Strich abwärts.
Auf diese Weise wird der Arm je siebenmal an der Außen- und Innenseite *mit Berührung* bestrichen. Abschließend je drei- oder siebenmal *ohne Berührung.*
Abstand vom Körper steigern bis zu zehn und mehr Zentimeter.

Bestreichen des rechten Armes
Verfahren Sie auf die gleiche Weise wie oben.

Bestreichen des Körpers
Hochführen der Arme in weitem Außenbogen.
Rechte Hand flach an die linke Kopfseite, linke Hand an die rechte Kopfseite legen. (Arme und Hände also gekreuzt).
Striche beiderseits des Körpers abwärts führen: Schläfen – Profilseite des Gesichtes – Hals – Brust – Schenkel – Füße.
Bei letztgenannten schneller werdend.
Hände abschütteln. Gefaustet in weitem Bogen zurück.
Hände gekreuzt an die Vorderseite des Gesichts. Wieder Strichführung abwärts, jedoch die Vorderfront des Körpers entlang.
Siebenmalige Wiederholung *mit Berührung,* drei- oder siebenmal *ohne Berühren*; hierbei den Abstand vom Körper allmählich vergrößern.

Einwirken auf Stirn und Hinterkopf
Linke Hand flach an die Stirn, rechte Hand an den Hinterkopf.
Blick unverwandt auf einen Punkt gerichtet (oder Augen geschlossen).
Ruhige, rhythmische Atmung.
Dauer: sieben bis neun Atemeinheiten.
Hände abschütteln.

Einwirken auf den Solarplexus
Linke Hand auf das Sonnengeflecht (Magengegend), rechte Hand flach gegenüber auf den Rücken. Die Innenhandflächen berühren dabei die betreffende Körperstelle.
Dauer: sieben bis neun Atemeinheiten.

Allgemeine Einwirkung auf den Körper
Wie Übung »Bestreichen des Körpers«, jedoch *ohne* Berührung des Körpers.

Ganz dicht in Körpernähe beginnen. Mit jedem Strich den Abstand von der Körperfläche vergrößern; Entfernung bis zu zehn, fünfzehn Zentimeter. Finger dabei leicht spreizen und etwas krümmen.
Sieben- bis einundzwanzigmal wiederholen.

Schließen des Stromkreises
Hände verschränken. Spitzen der Daumen und kleinen Finger berühren sich leicht.
Handflächen auf den Solarplexus legen.
Dauer: sieben bis neun Atemeinheiten.
Möglichst täglich morgens und abends üben.

6. Die Sonnen-Prana-Übung

Zur Aufnahme der solaren Kräfte dienen seit alters gewisse Praktiken der Sonnenkulte. Eine leicht durchführbare Übung ist die Aufsaugung des Sonnenpranas durch die Handchakras.

Stand: Aufrecht, Wirbelsäule gerade, Kopf hoch, Beine leicht gespreizt, Muskeln gelöst, entkrampft. Blick zur Sonne.
Tiefatmung: Dreimal; mit gründlicher Ausatmung beginnen.
Einatmung und gleichzeitiges *Hochführen der Arme* im weiten Außenbogen über den Kopf. Hände dabei leicht gefaustet.
Atem anhalten und *Übergehen in den Zehenstand:* Hände, bei geschlossenen Fingern schalenförmig nach vorne öffnen, damit die Strahlen der Sonne die Handteller treffen. Ellbogen etwas einknicken. Abstand der Hände voneinander etwa 70 cm. Kopf mäßig nach rückwärts neigen. (Die einzelnen Phasen möglichst gleichzeitig durchführen.)
Einige Sekunden mit zwangslos gestautem Atem ver-

harren und bewußtes Ansaugen der Sonnenenergie mit der ganzen Körperfläche, insbesondere aber mit den Fingerspitzen und den Innenhandflächen.

Abschließend: Hände wieder leicht fausten und
Arme im Seitenbogen abwärts zur Ausgangsstellung. Gleichzeitiges Niedergehen aus dem Zehenstand und befreiende
Ausatmung durch den leicht geöffneten Mund. Zwanzigmal wiederholen.

Zeit: Am besten bei Sonnenaufgang und in deren Zenitstand (bei klarem Himmel). Trübes Wetter mindert die von der Sonne ausgesandten Schwingungen des Pranastroms.

Zweck: Aufladung jeder Zelle, jedes Organs und darüber hinaus unseres Ätherkörpers mit Lebenskraft spendendem Sonnenprana.

Geistige Einstellung: Bewußtes Ansaugen und Aufspeichern der Lichtkräfte, verbunden mit einem freudig dankbaren Gefühl und dem Wunsch, mit dem geistigen Zentrum unseres Muttergestirns in immer fühlbareren Kontakt zu kommen.

Die Übung soll, frei vom Zwang beengender Kleidung, nur im Zustand völliger Harmonie und, wenn es die Umstände erlauben, in freier Natur, zumindest aber bei weit geöffnetem Fenster vorgenommen werden.

Wer Runenmagie treibt, weiß, da sich durch Runenübungen die Aufnahme kosmischer Ströme noch besser steigern läßt, was nichts anderes bedeutet als Steigerung des »persönlichen Magnetismus«.

V. Grundlegende Pendelversuche

Wie sollen wir beginnen? Welchem Zweig der Pendelwissenschaft sollen wir den Vorzug geben? Dies sind Fragen, die nicht leicht zu beantworten sind, denn der Möglichkeiten sind zu viele. Selten dürfte auch ein einzelner diese ideale Universalität besitzen, auf jedem Gebiet des Pendelns Hochleistungen zu erzielen. Zumeist werden Interesse und Anlage seinen Wirkungskreis beschränken. Trotz aller Anleitung muß letzten Endes jeder individuelle Wege gehen. Nur eigene Arbeit, eigenes Suchen helfen weiter! Jedenfalls ist vom Einfachen zum Komplizierteren vorzugehen, wobei natürlich auch hier die Begriffe »einfach« und »schwerer« relativ sind. Die Eigenart des Übenden entscheidet.

1. Auspendelung anorganischer und organischer Stoffe

A. Frank Glahn, der in allen Sparten der Pendelforschung versierte Praktiker, rät, mit dem Auspendeln anorganischer Stoffe zu beginnen, also mit Metallen, Mineralen, Edelsteinen, Chemikalien, zu denen sich später Lebens- und Genußmittel und Arzneien gesellen.

Glahn geht hier den von dem Professor der Leipziger Kunstakademie, Karl Bähr, gewiesenen Weg. Bähr vertrat als erster die Ansicht, jedes Element, jede Verbindung von Elementen müsse das Pendel in ganz bestimmte Richtung ausschlagen lassen. Das Ergebnis dieser Hypothese und deren Bestätigung in der Praxis war der »Dynamische Kreis«.

Versuche mit dem »Dynamischen Kreis«

Interessieren Sie diese Art Pendelexperimente, so fertigen Sie sich einen »Dynamischen Kreis« an. Dies ist eine Kreiseinteilung von 360 Grad, gleich wie beim Tierkreis. Am einfachsten nehmen Sie ein leeres Horoskopformular. Die Gradeinteilung verläuft auch beim »Dynamischen Kreis« in der dem Uhrzeiger entgegengesetzten Richtung.

Der Nullpunkt (der 360. Grad = 0 Grad Widder = 30. Grad Fische) bezeichnet zugleich die Himmelsrichtung Osten; der 90. Grad (0 Grad Krebs) Norden; der 180. Grad (0 Grad Waage) Westen; der 270. Grad (0 Grad Steinbock) Süden. Durch Einzeichnung der Himmelsrichtungen wird der Kreis zugleich in vier Quadranten aufgeteilt.

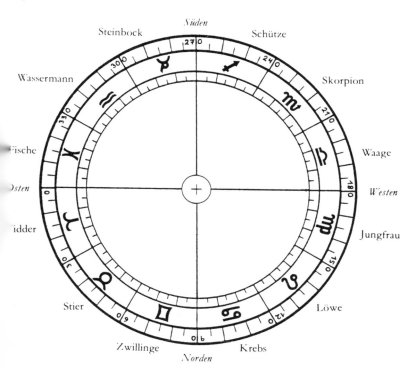

Einige Grade des »Dynamischen Kreises«
(nach Bähr und Glahn)

Objekt	Grad	Objekt	Grad
Gold	0	Türkis	315
Wasserstoff	0	Saphir	$322\frac{1}{2}$
Diamant	5	Schwefelsäure	330
Silber	45	Brom	355
Uran	100	Chlor	$357\frac{1}{2}$
Reis	100	Sauerstoff	360
Kandis	100	schlechte Felderde	260
Kupfer	$120\frac{1}{2}$	gute Felderde	265
Zinn	125	Kieselerde	$267\frac{1}{2}$
Bohne	132	Gartenerde, mittelgut	275
Honig	135	Gartenerde, gute	280
Platin	135	Humuserde	$292\frac{1}{2}$
Nickel	$142\frac{1}{2}$	Tonerde	310
Blei	150	Kartoffeln	
Eisen	$157\frac{1}{2}$	Knolle ohne Schale	
Arsenik	$167\frac{1}{2}$	im November	115
Phosphor	175	unreife Knolle ohne	
Chrysolith	$247\frac{1}{2}$	Schale im August	135
Opal	260	kranke Knolle	
Kochsalz	260	im Februar	225
Bergkristall	$267\frac{1}{2}$	positive Körper	
Stickstoff	270	0 bis $202\frac{1}{2}$	
Achat	275	negative Körper	
Heliotrop	280	$92\frac{1}{2}$ bis 360	
Onyx	280	Nahrungsmittel	
Topas	290	90 bis 180	
Aquamarin	300	Nervenreizstoffe	
Smaragd	$302\frac{1}{2}$	181 bis 270	
Jod	310	Reine Gifte	
Rubin	312	271 bis 360	

Das Pendelobjekt kommt in die Kreismitte.

Halten Sie darüber das Pendel, alle bisher gegebenen Hinweise beachtend, und verlangen Sie den für die Ausstrahlung des betreffenden Stoffes spezifischen Grad.

Pendeln Sie zuerst *ohne Kenntnis* der von Bähr und Glahn ermittelten Grade, denn auch Sie sollen die Forschung bereichern. Wiederholen Sie die Versuche zu verschiedenen Tageszeiten. Wechseln Sie die Himmelsrichtungen, indem Sie Ihre Stellung ändern.

Sind Sie astrologisch versiert, ist anzuraten, auch die mundanen Tageskonstellationen, vor allem aber die persönlichen Transite und Direktionen zum Radix zu beobachten.

Sind Ihre Ergebnisse zufriedenstellend, dann versuchen Sie ohne Kenntnis des Objekts herauszufinden, was es ist. Lassen Sie sich Proben von Metallen, chemischen Produkten oder ähnlichem in reines, weißes Seidenpapier hüllen und wagen Sie den an Hellsehen grenzenden Versuch.

Sofern die diversen Versuchsreihen erfolgreich verlaufen sind, dürfen Sie die Werte nachstehender Tabelle mit den Ergebnissen Ihrer Versuche vergleichen.

Sollten Sie bei Ihren Untersuchungen andere Grade bekommen haben, jedoch stets die gleichen, dann sind diese eben für Sie maßgebend, und Sie können damit arbeiten.

Variationen

Versuchen Sie festzustellen, aus welchen Elementen, aus welchen Stoffen die Legierungen eines Metalles, ein Medikament, ein Nahrungs- oder Genußmittel oder ein synthetischer Edelstein zusammengesetzt sind, indem Sie der Reihe nach die Gradausschläge der im Pendelobjekt vorhandenen Bestandteile verlangen.

Charakterausschlag

Nach Glahn hat alles Organische und Anorganische außer einem bestimmten Gradausschlag noch ein entsprechendes Charakterbild, zum Beispiel Kreise für Gold, senkrecht stehende Ellipsen für Silber.

Erweitern Sie dahingehend Ihre Versuche. Verlangen Sie dabei zuerst den Gradausschlag, dann das Charakterbild.

Bei all diesen Experimenten haben wir es nach Ansicht der meisten führenden Pendelforscher mit Ausstrahlungen zu tun, die von dem jeweiligen Versuchsobjekt ausgehen. Man spricht von »Od«, von »P«- oder von »N«-Strahlen, die alle das gleiche bezeichnen. Im Zeitalter der Strahlenforschung hat diese Theorie nichts Mysteriöses an sich. Der sensitive Organismus des Pendlers reagiert auf diese Strahlen, und das Pendel setzt sie in Bewegung um. Es gibt auch andere Erklärungsversuche, auf die wir später noch zu sprechen kommen.

Haben Sie zu obigen Experimenten nicht die rechte Beziehung oder will es Ihnen durchaus nicht gelingen, sinnvolle Ergebnisse zu erzielen – regellose Ausschläge tun es nicht –, so wenden Sie sich einem anderen Versuchszweig zu.

2. Feststellung odmagnetischer Schwingungen

Einfacher dürften folgende Versuche sein, die auch zur Kontrolle vieler magischer Experimente ausgebaut werden können.

1. Übertragen Sie Ihre odmagnetische Kraft auf ein vorher entodetes weißes Blatt Papier, auf ein Stück Leder oder dergleichen.

   Prüfen Sie mit dem Pendel den Stärkegrad der von Ihnen übertragenen fluidalen Kraft.

Stellen Sie ferner fest, indem Sie langsam den Pendel allmählich nach den Seiten hin entfernen, bis er zum Stillstand kommt, welche Ausdehnung die von Ihnen erzeugte Odballung hat.

Unterscheiden Sie bei dem Pendelbild

a) den Ausschlag für den Stärkegrad der aufgespeicherten odmagnetischen Kraft;

b) die Linienführung des Charakterbildes der von Ihnen erzeugten Odform.

Notieren Sie gewissenhaft Zahl und Lage der Kreise, Ellipsen, Striche, die sich möglicherweise im Wechsel zeigen.

Bei Kreisen ist außerdem zu beachten, ob diese groß oder klein sind, ob in ihrer Schwingung konstant oder wechselnd, ob nach rechts oder links sich drehend. Das gleiche gilt von den Ellipsen; bei diesen ist darauf zu sehen, ob sie schmal sind oder sich mehr der Kreisform nähern. Bei Strichen kommt es auf die Richtung an, in der sie schwingen, und auf die Kraft des Pendelausschlags.

2. Laden Sie die neutrale Odform unter stärkster Konzentration mit bestimmten Gedankenvorstellungen. Ermitteln Sie nun das Pendelbild dieser Gedankenprojektion. Lassen Sie von anderen solche Psychogene schaffen und suchen Sie deren Charakter und Strahlkraft festzustellen. Hier stehen wir am Anfang der magischen Zeugung fluidaler »Wesen«.

3. Prüfen Sie nach vollzogener Einodung eines Gegenstands oder nach dem Magnetisieren von Wasser und ähnlichem die Stärke der auf das Objekt übertragenen Kraft.

4. Ziehen Sie die auf den Versuchsgegenstand übertragene Kraft wieder an sich, indem Sie ihn einfach entoden. Der Pendel wird es anzeigen, wieweit Ihnen dies gelungen ist.

5. Überzeugender wird der Versuch, ladet in Ihrer Abwesenheit und ohne Ihr Wissen eine zweite Person das

Pendelobjekt auf beziehungsweise entfernt sie das darauf übertragene Od.

6. Bei gutem Gelingen lassen sich diese Versuche noch treffender gestalten: Wieder ohne Ihr Wissen werden von den bereitliegenden Versuchsobjekten eines oder mehrere, nie jedoch alle, odisch geladen. Ihre Aufgabe ist es, mit dem Pendel die eingeodeten Gegenstände von den magisch nicht präparierten zu unterscheiden.

Sie sehen, immer interessantere Versuchsmöglichkeiten bieten sich.

3. Ermittlung des Geschlechts

Nach den Erfahrungen der meisten Pendler schlägt der Pendel über männlichen Versuchsobjekten Kreise, über weiblichen Versuchsobjekten Ellipsen.

Aber auch andere Ausschläge finden sich bei manchem Pendler. Sollten Sie dazu gehören und in gleichbleibender Folge andere Pendelbilder erhalten, dann sind diese eben Ihre individuelle Norm und gestatten Ihnen die gleichen Schlußfolgerungen.

Die Frage nach dem Geschlecht bei Personen

Das Verfahren ist denkbar einfach. Halten Sie den Pendel über den Körper einer Person, am besten über den Unterleib. Stellen Sie die Frage nach deren Geschlechtszugehörigkeit.

Aber es muß nicht unbedingt ein körperlich anwesender Mensch sein, der sich für Ihre Versuche zur Verfügung stellt, seine Handschrift, sein Foto, von ihm benützte Gegenstände wie Taschentuch, Kleidungsstücke, denen das Od des Betreffenden anhaftet, genügen vollauf; allenfalls auch einige Haare oder ein Stück eines Nagels.

Nach gelungenen Versuchsreihen lege man den Versuchsgegenstand verdeckt auf den Tisch, noch besser, man lasse jemand die Vorbereitungen treffen und beschränke sich nur auf das Pendeln.

Es kann auch mit einer größeren Anzahl von Fotos gearbeitet werden. Üben Sie so lange, bis Sie jederzeit in der Lage sind, bei verkehrt liegender Ansicht das Geschlecht der abgebildeten Personen zu ermitteln.

Unterziehen Sie vorsichtshalber die Pendelobjekte einer gründlichen Reinigung.

Sie können auch anhand von Versuchen die Feststellung treffen, ob und inwieweit eine unterlassene Odreinigung das Pendelresultat beeinflußt.

Bependeln von Hühnereiern

Ein Experiment, das besonders für den landwirtschaftlich Interessierten von praktischem Wert ist.

Bringen Sie zuvor das Ei unter fließendes Wasser. Sie können es auch entoden. Natürlich darf es keinesfalls beschrieben sein. Halten Sie nun das Pendel darüber und verlangen Sie das Geschlecht.

Die Mehrzahl der Pendler erhält:

befruchtetes Ei, männlich: Kreise
befruchtetes Ei, weiblich: Ellipsen, meist senkrecht
    stehend
unbefruchtetes Ei: Pendelstillstand

Erhalten Sie bei den Geschlechtspendelungen abweichende Ausschläge, so müssen Sie diese selbstverständlich auch beim Auspendeln von Hühnereiern berücksichtigen.

Die Hausfrau kann die Eier auch auf den Grad der Güte prüfen. Schlechte Eier werden in der Regel Pendelstillstand ergeben; auch schräg gestellte Ellipsen und Querstriche wurden beobachtet.

VI. Die Aufdeckung der Beziehung zur Umwelt

Wie wir zur Umwelt stehen, wie diese sich verhält, vermag das Pendel zu sagen. Als nächste Versuchsreihe wählen wir also die Aufhellung unserer Beziehungen zum Du, zu unseren Bekannten, zu Freunden, Verwandten, Berufskollegen, Vorgesetzten, zum Liebes- und Ehepartner.

1. Das Pendel verrät Sympathie und Antipathie

Sympathie – Antipathie: scheinbar unerklärliche Phänomene. Man sieht einen Menschen zum ersten Mal, weiß nichts von ihm, weder Gutes noch Nachteiliges; sein Äußeres spricht weder für noch gegen ihn, und trotzdem fühlt man sich zu ihm hingezogen oder abgestoßen; ist aber außerstande, hierfür einen vernünftigen Grund anzugeben. Ein Unwägbares entscheidet die Beziehung von Mensch zu Mensch, das Strahlungsvermögen unserer Auren, wie die Odforscher behaupten. Ein Durchdringen der odmagnetischen Kraftfelder empfinden wir harmonisch; stoßen sie einander jedoch ab, so reagieren wir mit dem Gefühl der Antipathie. Keine vage Hypothese, denn die Fotoplatte gab die Strahlungen von Händen wieder. Was zeigte sich? Bei gegenseitiger Sympathie flossen die odmagnetischen Emanationen beider Partner gradlinig ineinander über; bestand jedoch beiderseitige Antipathie, so krümmten sich die den Finger entströmenden Fluide förmlich zurück zum Aussender, jede Berührung mit dem Versuchspartner vermeidend. Auch Hellseher nehmen diesen seltsamen Vorgang mitunter wahr.

Aber es bedarf nicht unbedingt des Hellsehers oder

eigens hierfür präparierter Fotoplatten; das Pendel gibt uns die gleiche Auskunft, einfacher und viel differenzierter. Wir berücksichtigen dabei das bisher Gelernte.

Wollen Sie wissen, wie Sie zu einem bestimmten Menschen stehen, gleichgültig ob Mann oder Frau?

Legen Sie Ihre linke Hand in etwa zehn Zentimeter Abstand neben die Rechte der betreffenden Person. Das Auflegen der Hände kann auf verschiedene Art erfolgen:

1. Hände liegen sich parallel gegenüber, also Daumen zueinander gekehrt, Innenhandflächen auf den Tisch.
2. Fingerspitzen der Partner weisen zueinander. Handflächen wie zuvor.
3. Innenhandflächen weisen, leicht gewölbt, schalenförmig nach oben, entweder Daumen neben Daumen oder Fingerspitzen gegen Fingerspitzen.

Die Rechte hält das Pendel über den Zwischenraum der auf der Tischplatte befindlichen Hände. Vorher kann das Pendel zwecks besseren Kontakts kurz an beide Handflächen tippen. Dann stellen Sie die Frage: »Wie stehen wir zueinander?«

Oder noch besser: Sie halten das Pendel zuerst über die Hand Ihres Partners und verlangen die Ausschläge für Sympathie oder Antipathie. Hierauf pendeln Sie bei gleicher Fragestellung von sich zu ihm. Voraussetzung ist selbstverständlich, daß weder Sie noch der andere das Pendelbild durch bestimmte Erwartungen beeinflussen.

Nichts wünschen, nichts befürchten, nichts erwarten!

Sicherer dürfte das Ergebnis sein, wenn ein Unbeteiligter, ein am Resultat nicht Interessierter, das Beziehungsverhältnis zwischen Partnern auspendelt.

Das Pendelergebnis kann folgende Ausschläge zeigen:

Kreise: Je lebhafter, je stärker diese sind, in je größerem Bogen sie die Hände zu umschließen suchen, desto stärker ist die gegenseitige Sympathie. Dabei werden rechtsgerichtete Kreise von den meisten Pendlern positiver gewertet als linksgerichtete. So läßt sich leicht feststellen, wer von beiden die größere Zuneigung hegt.

Ellipsen: Von vielen Pendlern werden diese nicht so günstig bewertet wie Kreise. Sie deuten auf nur mäßiges Verstehen, wobei auf die Ellipsenweite zu achten ist. Langgezogene schmale Ellipsen sind ungünstiger als solche, die sich der Kreisform nähern.

Verbindungsstriche von Hand zu Hand weisen auf sehr lose Beziehungen. Es geht gerade noch.

Trennstriche zeigen unmißverständlich die antipathische Einstellung. Es bestehen keinerlei Verständigungsmöglichkeiten.

Die Ausschläge können auch weniger prägnant erfolgen, ja sogar einen scheinbaren Widerspruch in sich bergen. Vielleicht wechselt die Größe der Kreise, oder sie gehen in einen Verbindungsstrich über, wenn nicht gar in einen Trennstrich, dem möglicherweise wieder Einkreisungen folgen.

Störung der Harmonie, wechselvolle Zuneigung mit vorübergehender Trennung müßte das zusammenfassende Urteil lauten.

Vergessen Sie nie, den *Stärkegrad* der Zuneigung festzustellen. Mitunter wird das Pendel von der einen Seite große Sympathie anzeigen, während die andere nur schwach reagiert oder gar mit Abneigung antwortet. Große Diskrepanz zeigt sich oft, wie wir noch sehen werden, zwischen Geschlechtspartnern.

Fragen Sie auch nach der *Beständigkeit* einer im Augenblick vorhandenen Zuneigung. Stark wechselnde Pendelschwingungen sind immer etwas verdächtig. Differenzierte Pendeluntersuchungen gestatten Schlüsse, inwieweit Freunde, Kameraden, Teilhaber, Angestellte, Lehrer und Schüler, kurzum Menschen, die ein Gemeinsames bindet, auch tatsächlich miteinander harmonieren.

Neben dem heute bereits geübten graphologischen Gutachten könnte das Pendel besonders auf beruflichem Gebiet wertvolle Fingerzeige geben. Der Pendelkundige vermag unter den Bewerbern diejenigen in erste Wahl zu stellen, deren aurisches Fluidum mit dem Schwingungsfeld ihres künftigen Wirkungskreises harmonisch verschmilzt. Reibereien, Zank und sonstige Unerquicklichkeiten, entsprungen unterbewußter Abneigung, unterblieben, schlüge das Pendel von Mitarbeiter zu Mitarbeiter, vom Chef zum Angestellten große harmonische Kreise.

Die Feststellung des Sympathieverhältnisses zweier Personen, wobei Sie nur als Pendler fungieren, erfolgt auf ähnliche Weise wie oben beschrieben.

Beide sitzen sich gegenüber. Ihre Hände liegen auf eine der vorhin beschriebenen Arten auf der Tischplatte. Davor stehen Sie und pendeln.

Wie bei der Ermittlung der Geschlechtszugehörigkeit genügen auch hier Fotos, Handschriftproben oder von den betreffenden Personen gebrauchte (daher odgeladene) Gegenstände. Verfahren Sie wie folgt:

1. Legen Sie – wenn Sie der zweite Partner sind – das Pendelobjekt (zum Beispiel Foto oder Schrift) neben Ihre

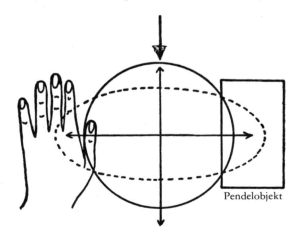

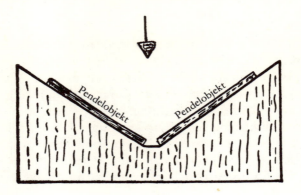

Linke und halten Sie das Pendel so, als ob die Hand des anderen daläge.

2. Wenn Sie nur als Pendler fungieren, legen Sie die den Versuchspersonen zugehörigen Gegenstände in einem Abstand von etwa zehn Zentimeter auf den Untersuchungstisch. Sie können auch – wie Glahn empfiehlt – zwei isolierende Platten (zum Beispiel Hartgummi) einander schräg gegenüberstellen und auf jeder derselben eines der Pendelobjekte legen. Darüber halten Sie nun das Pendel.

2. Aufhellung von Liebesbeziehungen

Wichtiger noch als die Ermittlung persönlichen Wohlwollens, kameradschaftlicher Sympathie oder von Freundschaften ist die Aufdeckung der Gefühlswerte zwischen Geschlechtspartnern, die Enträtselung der Urbeziehung von Mann und Weib.

Die Penteluntersuchung ist hier komplizierter. Sympathie im herkömmlichen Sinne genügt nicht. Ebensowenig ist mit der summarischen Frage »Liebt sie ihn?« und »Liebt er sie?« das Problem gelöst. Wir müssen differenzierter, psychologischer vorgehen, müssen unterscheiden lernen zwischen dem Seelisch-Erotischen und dem Triebhaft-Sexuellen, oder mit den Worten Peladans: zwischen der himmlischen und der irdischen Liebe. Am häufigsten dürfte der Pendel leider letztgenannte anzeigen. Meist sind es die Körper, die in rasch aufzuckender Rauschlust zueinander streben und in jäh ersterbender Leidenschaft sich wieder fliehen. Weit seltener verschmelzen die Seelen in vergeistigter Erotik zu unlöslichem Bunde in gnostischem Sinn.

Nur mit äußerster Vorsicht, nur mit dem größten Verantwortungsbewußtsein dürfen Sie sich an die Analyse der intimsten Geheimnisse wagen. Nicht immer werden die Ergebnisse erfreuliche sein. Das Pendel wird Sie in Abgründe schauen lassen, Ihnen Tragödien offenbaren, die sich schicksalhaft vollziehen, ohne daß anklagend von einer Schuld dieses oder jenes Menschen gesprochen werden darf. Gleich dem karmakundigen Astrologen werden Sie Einblicke in ein Schicksalswalten erhalten, das nicht immer leicht zu verstehen ist, das uns vor die Frage stellt: Warum führt ein scheinbar blindes Fatum Menschen zueinander, die nicht geben können, wonach der andere sich sehnt – und die doch verkettet bleiben zu beider Qual?

In solch krassen Fällen kommt das Pendel als Warner meist zu spät. Der Esoteriker sieht hierin die karmischen Verstrickungen aus früheren Erdenleben, denen sich keiner entziehen kann.

Aber nicht alles ist starres Karma. Manches kann unterbleiben, weiß man aus den Pendelergebnissen rechtzeitig die praktischen Schlußfolgerungen zu ziehen. Es ist wohl selbstverständlich, daß sich nur der reife Pendler Urteil und Rat erlauben darf. Für jeden anderen hat dieser heikle Pendelzweig nur Experiment zu bleiben, das ihm bei seinen Studien weiterhilft. Um ganz sicherzugehen – besonders in persönlichen Angelegenheiten, wo Wunsch und Furcht zu leicht das Pendel irritieren –, betraue man einen zweiten Pendler mit der heiklen Aufgabe und vergleiche dann die Resultate.

Die Versuchsanordnung ist die gleiche wie zuvor, nur dürfen wir nicht außer acht lassen, daß wir es hier mit Geschlechtspartnern zu tun haben, die sich in körperlicher, seelischer und geistiger Hinsicht weitgehend ergänzen sollten. Daß es oft nicht so ist, ist des Menschen größte Tragik.

Fragen Sie der Reihe nach: Wie stark ist

die *körperliche,*
die *seelische* und
die *geistige* Bindung oder Ergänzung?

Prüfen Sie vom Mann zur Frau und umgekehrt von der Frau zum Mann.

Seien Sie nicht erstaunt, wenn das Pendel durch mehr oder minder starke Einkreisung nur einen oder zwei der genannten Bezirke mit »Ja« beantwortet, wenn zögernde Verbindungslinien die Harmonie trüben, scharfe Trennstriche eine Liebesbeziehung ganz ablehnen, Pendelstillstand Gleichgültigkeit verrät.

Vielleicht gibt der eine Partner sein ganzes Wesen; der andere vermag ihm nicht mehr als bloße Sympathie und geistiges Verstehen entgegenzubringen. Oder es ist die odmagnetische Spannung von Körper zu Körper, die den Trieb hochpeitscht und nach erfolgtem Odaustausch, nach vollzogenem polarem Ausgleich, die Sinnenglut erkalten läßt. Schmerzlich, wenn der andere Teil mehr gegeben hat und weiter geben möchte, seine Seele ihr »Dual« in des anderen Seele sucht.

Das Pendel zeigt Ihnen alle Stadien einer Liebesverbindung. Da Gefühle leider dem Wechsel unterliegen, fragen Sie am besten, nachdem Sie die gegenwärtige Skala vor sich haben, wie die Beziehungen früher gewesen sind, und wie sie sich in Zukunft gestalten werden. Verlangen Sie anschließend zur Bestätigung der ermittelten Pendeldiagramme ein Gesamtbild, das Anfang und eventuelles Ende der Partnerschaft umschließt.

Solche Untersuchungen fordern sehr viel von einem Pendler, denn wirkliche Liebe besteht selbst über den Tod hinaus. Also muß auch das durch entsprechende Fragestellung mit einbezogen werden. Aber nochmal: Vorsicht! Besonders, was Zukünftiges betrifft.

Im Augenblick sollen diese Versuche lediglich Ihr Forschungsmaterial bereichern. Führen Sie gewissenhaft darüber Buch. Notieren Sie sorgfältig Art, Zahl, Größe und Stärke der Ausschläge.

Je nach dem Grad der Leidenschaft werden die Pendelkreise an Weite und Kraft verschieden sein. Vergängliche Rauschliebe spornt das Pendel zu heftigen, stoßenden Ausschlägen an. Bei solchem nur sexuellem Begehren wird nach erfolgtem Odausgleich die Kraft der Pendelschwingungen merklich erlahmen, sogar ganz erlöschen. Bei seelisch tief empfundener Erotik hingegen nehmen Zahl und Größe der harmonisch-ruhigen Kreise meist zu: ein Zeichen innigster Zusammengehörigkeit und dauernden Verstehens, besonders, wenn sich die geistigen Impulse ebenfalls ergänzen und sich in der Sphäre des Triebhaften keine allzu großen Gegensätze zeigen. Wie wenigen aber nur gewährt ein günstiges Karma diesen beglückenden Dreiklang.

Ellipsen, die nur von einer Seite erfolgen, besagen nach Glahn: Dieser Teil allein wird befriedigt; der andere geht leer aus.

Zeigen sich Trennungen an, sei man in seinem Urteil doppelt vorsichtig. Es bleibt festzustellen, ob die Trennung auch von Dauer ist oder ob ein späteres Erwachen der Gefühle den Pendler nicht in andere Bahnen lenkt.

Einer meiner Freunde wurde von seiner Frau hintergangen. Die endgültige Trennung stand bevor. Das Pendelbild zeigte klar die kritische Lage, sooft ich aber pendelte, auch jedesmal deren Entspannung, die Lösung der Krise und den Weiterbestand des ehelichen Verhältnisses. Niemand schenkte dem Pendel Glauben, am wenigsten die Ehegattin, die bereits einen anderen zu lieben vorgab. Ein zweiter Pendelkundiger bestätigte mein Resultat. Später ergab sich: Unsere Pendel behielten recht!

Achten Sie während des Auspendelns auf Ihre Empfindungen. Mit zunehmender Sensitivität stellen sich eigenartige Zustände ein. Im Lauf der Zeit werden Sie, analog den Pendelbahnen, rein empfindungsmäßig wahrnehmen, wie zwei Menschen zueinander stehen. Schöne lebhafte Kreise werden in Ihnen ein Gefühl der Befreiung auslösen, disharmonische Ausschläge oder zitternde Pendelruhe einen beklemmenden Druck, zumeist in der Magengegend, hervorrufen.

So erlebte ich einen Fall, wo es mir beinahe nicht möglich war, die Bilder eines Ehepaares auszupendeln. Das Pendel hatte sich förmlich gesträubt, ehe es sich zögernd, widerwillig in eine Bewegung setzte, die sogleich in heftige Ablehnung überging.

Geistig nichts, seelisch nichts, nur das Triebhaft-Körperliche meldete sich zwischendurch, dem sofort wieder Trennstriche folgten. Schweres Karma – auch astrologisch angezeigt – band diese beiden Menschen entgegen ihrem Wollen. Dieses innere Widerstreben spiegelte sich nicht nur im Pendelbild, es rebellierte sogar in meinem Körper: Nicht eine Penteluntersuchung, die nicht von starkem Übelbefinden begleitet war.

»Ganzaufnahmen« der Partner erleichtern die Untersuchung. Man ermittelt das

geistige Verstehen: von Kopf zu Kopf;
erotisch-seelische Zusammenklingen: von Herz zu Herz, auch von Solarplexus zu Solarplexus;
Triebhaft-Sexuelle, den Rausch der Leidenschaft: von Geschlechtszentrum zu Geschlechtszentrum.

Die Vergleichspendelung wird Ihr psychologisches Blickfeld weiten. Unterbewußte Seelenzustände, die den anderen Rätsel bleiben, werden sich Ihnen offenbaren.

Als oberstes Gesetz gelte:

Unermündliches Forschen – verantwortungsbewußtes Schweigen!

VII. Medizinische Pendeldiagnose

Auf diesem so wichtigen Zweiggebiet der Pendelpraxis ist die Verantwortung womöglich noch größer als bisher. Eine einzige Fehldiagnose – und das Leben kann verlöschen. Wie bei der Vergleichspendelung dürfen auch hier die Versuche den Charakter des Nur-Experimentellen nicht eher verlassen, bis nicht eine stattliche Reihe sich *immer wiederholender Ergebenisse* beweist, daß Sie wirklich einwandfreie Diagnosen zu stellen imstande sind. Streichen Sie jedes Geltungsbedürfnis! Schärfste Selbstkritik stehe obenan! Halten Sie sich stets vor Augen: Bei der Vergleichsanalyse geht es mitunter um Menschenschicksale. Die medizinische Pendeldiagnose entscheidet nicht selten über Menschenleben!!

»Dann wäre es wohl besser, über diese heikle Disziplin ganz zu schweigen«, höre ich manchen sagen. Im Grunde genommen gibt es gar nichts zu verschweigen; zu viel wurde hierüber bereits geschrieben. Die Pendelforschung ist auch in dieser Hinsicht zu weit gediehen. Außerdem hieße es, sich der Hilfestellung des Pendels gerade dort zu berauben, wo menschliche Kunst oft versagt.

In leichten Krankheitsfällen kann das Pendel im Familienkreis zum unentbehrlichen Berater werden; bei ernsten Erkrankungen gehört es in die Hände pendelkundiger Ärzte und Heilpraktiker. Jeder Mediziner sollte sich auf Pendelfähigkeit prüfen. Rascher und um vieles sicherer würden das Übel und seine Herde im Entstehen erkannt. Umständliche, kostspielige Untersuchungsmethoden, schmerzhafte Eingriffe könnten oftmals unterbleiben.

Der Gebrauch des Pendels in der Medizin ist weder okkult noch im falschverstandenen Sinne »magisch«. Im

Zeitalter der Strahlenforschung ist seine Anwendung genauso wissenschaftlich zu begründen und zu verantworten wie jede andere Arbeit auf dem Gebiet der Strahlenkunde.

Aus Ärztekreisen sind bedeutende Pendeldiagnostiker hervorgegangen. In Tat und Schrift traten diese Pioniere für ihre Entdeckungen ein; in vorderster Front: Dr. med. Benedikt, Wien; Sanitätsrat Dr. E. Clasen, Itzehoe; Medizinalrat Karl Erhard Weiß, Stuttgart.

1. Auspendelung des menschlichen Körpers

Gesunde Organe verursachen andere Pendelausschläge als erkrankte. Dieser Fundamentalsatz liegt der ganzen Pendeldiagnostik zugrunde.

Studieren Sie an einer größeren Anzahl gesunder Personen das Verhalten Ihres Pendels. Nachdem Sie sich so ein Normaldiagramm erarbeitet haben (was nicht ganz leicht sein dürfte, denn wer ist absolut gesund?), vergleichen Sie dieses mit den Angaben erfahrener Pendler.

Direktes Pendeln

Lassen Sie die Versuchsperson sich bequem hinlegen und halten Sie das Pendel über die einzelnen Organe (Hirn, Herz, Lungen, Leber, Galle, Milz, Nieren, Sexus, Nervenplexe, Drüsen). Verlangen Sie für jeden Körperteil den hierfür spezifischen Ausschlag.

Legen Sie – bei gleicher Fragestellung wie zuvor – Ihre linke Hand auf die Gegend des zu prüfenden Organs oder halten Sie in einem Abstand von etwa zehn Zentimeter die leicht gespreizten Finger darüber.

Das Pendel in Ihrer Rechten befinde sich ungefähr dreißig Zentimeter von Ihrem Körper entfernt. (Jedoch nicht über die Versuchsperson halten.)

Indirektes Pendeln

Geübte Pendler bedienen sich der Ferndiagnose. Schon der leider verstorbene Sanitätsrat Clasen wandte diese Methode mit Erfolg an.

Das Pendel verzichtet auf die Anwesenheit von Personen, über die es Aufschluß geben soll; das ist das Wunderbare und zugleich Praktische an ihm.

Foto, Handschrift, odgeladene Gegenstände als Untersuchungsobjekte. Bei Ganzfotos verfahren wir wie beim Menschen. Wir führen den Pendel von Körperzone zu Körperzone und verlangen die Pendelbilder.

Stehen uns Briefe, Haare, Nägel, gebrauchte Kleidungsstücke zur Verfügung, halten wir unser Instrument über diese, wobei wir uns plastisch die einzelnen Organe vorstellen. Die Fragestellung ist die gleiche.

Halten Sie das Pendel vor sich hin und tippen Sie mit dem Finger der linken Hand auf die Stelle des gewünschten Organs. Größere Ganzfotos eignen sich hierzu gut.

Anatomische Vorlagen

Haben Sie im indirekten Pendeln einige Übung erlangt, gehen Sie noch einen Schritt weiter: Benützen Sie jetzt als Pendelobjekt anatomische Abbildungen und Modelle. Sie brauchen sich nur die Person, die Sie untersuchen wollen, und deren Organe vorzustellen. Das Pendel halten Sie über die entsprechenden Abbildungen. Sie können auch Odträger und anatomische Vorlage kombiniert verwenden. Ansonsten gilt das gleiche wie vorstehend beim indirekten Pendeln.

Zur besseren Kontrolle ist es vorteilhaft, beide Methoden, die direkte und die indirekte Pendelung, heranzuziehen. Eine muß die andere bestätigen; anderenfalls stimmt mit unserer Pendelkunst etwas nicht.

2. Das Pendeldiagramm des gesunden Menschen
(Nach A. Frank Glahn)

Um einige Anhaltspunke zu geben, bringen wir hier das von Glahn erarbeitete Pendelschema. Sollte Ihr Diagramm davon abweichen, aber dennoch richtige Ergebnisse bringen, besagt dies lediglich, daß Ihre Pendelreaktion eben eine andere ist als bei Glahn. Beim Pendeln ist alles relativ zu bewerten; nur seelisch und körperlich »Gleichgestimmte« erhalten die gleichen Pendelkurven.

Großhirn; Gesicht kleine Ausschläge

Kleinhirn; Unterkiefer, Hals größere Ausschläge

Rechte Lungenspitze

Bronchien

Linke Lungenspitze

Lunge, meistens unruhig zuckend

Herz

Magen, Milz (besonders verlangen)

Leber mit Galle

○ Solarplexus = Sonnengeflecht

⬭ Eingeweide

⟷ Unterleibsorgane

↕ Rechtes Bein; Oberschenkel

♀ Rechtes Bein; Knie

♀ Rechtes Bein; Unterschenkel

♀ ○ Füße

♀ Linkes Bein; Oberschenkel

♀ Linkes Bein; Knie

♀ Linkes Bein; Unterschenkel

○ ○ Eierstöcke, rechts und links

◊ Scheide und Gebärmutter

⬭ Blase

Nicht aufgeführte Organe werden abgefragt.

3. Das Schwingungsfeld der Aura

Unser Körper ist in eine dem Auge unsichtbare Emanation gehüllt. Die stärksten Strahlungspunkte finden sich über dem Scheitel, dem Herz, dem Solarplexus und der Sexualzone. Stark strahlen auch die Gegenden um Achseln und Hüftknoten und die Brüste bei Frauen, besonders die Brustwarzen.

Bringen Sie das Pendel in die Nähe der genannten Zentren. Verlangen Sie den Ausschlag für die aurische Strahlung. Befindet sich Ihr Instrument in voller Schwingung, dann entfernen Sie es allmählich vom Körper, bis es stillsteht. So weit reicht die odmagnetische Emanation.

Sie können auch die gesamte aurische Hülle, das fluidale Perisoma, ermitteln, indem Sie den Körper nach allen Seiten hin auspendeln.

Für den magisch Geschulten sind folgende Untersuchungen aufschlußreich: Die Pendelergebnisse vor und nach

Entodung der Aura,
Ziehen des Odmantels,
dem Selbstmagnetisieren,
Runenpraktiken und anderen magischen Exerzitien.

Parapsychisch forschende Zirkel können diese Pendelversuche dahingehend erweitern, daß die Teilnehmer, nach kraftsteigernden Übungen, gegenseitig ihre Auren auspendeln. Außer den bereits genannten Praktiken, insbesondere nach Atemexerzitien: Mantrams, Sonnen- und Mond-Pranaübungen, nach Aufnahme von Erdkräften, runischen Feinkraftströmen und so weiter.

4. Chakra-Pendelung

Chakras sind Schwingungszentren im Ätherkörper des Menschen. Sie stehen in enger Beziehung zu den Nervenplexen und Drüsen. (Gregor A. Gregorius: *Die magische Erweckung der Chakras im Ätherkörper des Menschen.*)

Die theosophische Version kennt sieben Hauptchakras. Ihre Namen kennzeichnen ihre Lage:

	Sanskrit
Scheitelchakra	Sahasrara
Stirnchakra	Ajna
Halschakra	Vishuddha
Herzchakra	Anahata
Magenchakra	Manipura
Milzchakra	—
Sexual- oder Wurzelchakra	Muladhara

In esoterischen Kreisen sind weitere acht Ätherzentren bekannt. Peryt Shou weist in seinen Schriften auf die Fuß-, Knie- und Handchakras hin. Logenkreise wissen von einem zweiten Sexualchakra, das auch die indische Geheimphilosophie andeutet, und von einem zweiten Halschakra hinten am Nacken, dem »Todeschakra«.

Unaufhörlich rotieren diese Wirbel. Sie führen uns Kraft aus dem Immateriellen zu. Jedes Chakra hat eine bestimmte Drehrichtung. Stellen Sie diese mit dem Pendel fest, desgleichen die Stärke an Lebenskraftstrahlung.

Besonders für den Heilmagnetiseur sind diese Untersuchungen wertvoll, denn ein Chakra kann überladen sein oder zu wenig an Kraft besitzen.

Nicht nur das ganze körperliche Wohlbefinden hängt von der harmonischen Funktion der Chakras ab; sie bestimmt auch unser ethisches Verhalten und ist Gradmesser jeder magischen und mystischen Entwicklung. Anormalitäten, Perversionen haben meist ihre tiefere Ursache in einer gestörten Drehrichtung oder in einer Über- oder Unterfunktion eines der hierfür in Frage kommenden Ätherzentren.

5. Lebenskraft

Wie die Lebenskraft, so unsere Gesundheit. Je mehr biomagnetische Kraft in einem Körper aufgespeichert ist, desto stärker wird das Pendel schwingen. Die Mehrzahl der Pendler erhält große lebhafte Kreise. Kleine Kreise lassen auf Schwächung der »vitalen Energie« schließen.

Die Frage nach der Lebenskraft sollte jeder diagnostischen Untersuchung vorangestellt werden. Man vergesse aber nicht, die augenblickliche Pendelfähigkeit dabei zu berücksichtigen. Stets bleibt zu beurteilen, ob schwache Ausschläge aufgrund mangelnden Lebensmagnetismus seitens des Patienten erfolgen oder ob zur Zeit die verminderte Pendelkraft Ursache der geschwächten Schwingung ist.

Um die Lebenskraft festzustellen, hält man den Pendel am zweckmäßigsten über den Solarplexus. Aber auch Herz- und Scheitelgegend lassen dieselben Schlüsse zu.

6. Sexuelle Potenz

Auch die Frage nach der sexuellen Potenz ist von großer Bedeutung, bestimmt doch die Triebkomponente in erheblichem Maße das Zusammenleben zweier Menschen.

In der Regel gilt für das vegetative Prinzip die Waagrechte, der Ost-West-Strich.

Kraftvolle Pendelschwingungen deuten auf starkes sexuelles Vermögen.

Sollten Sie an Stelle des Strichs bei Männern Kreise, bei Frauen Ellipsen erhalten, so sind diese ebenso auf ihren Stärkegrad zu prüfen.

Zu große oder gar gefährliche Triebhaftigkeit wird sich durch entsprechend übertriebenen Pendelschwung äußern.

Bei impotenten Männern oder frigiden Frauen wird das Pendel nur sehr dürftig anschlagen oder ganz im Stillstand verharren, wobei Sie sich außerdem vor Augen führen müssen, daß die angezeigte Störung der Geschlechtssphäre zweierlei Ursachen haben kann: eine rein körperliche oder eine psychogene, also neurotischen Ursprungs.

Stellen Sie sich zuerst auf die betreffenden Organe und deren Funktion ein. Dem männlichen Samen, der besonders mit Od geladen ist, eignet eine starke Strahlkraft; nicht minder kräftig strahlt ein gesundes Ovarium. Antwortet das Pendel in allem zufriedenstellend, obgleich dem Untersuchten ein gesundes Geschlechtsempfinden mangelt, muß auf eine psychisch bedingte Störung des Trieblebens geschlossen werden. Arzneien helfen dann nicht oder nur wenig; hier hat der Psychotherapeut das Wort.

7. Virginität – Imprägnation – Telegonie

Ein etwas indiskretes Unterfangen, der Unberührtheit eines Mädchens nachzuspüren, mag mancher einwenden. Aber vielleicht ist diese Frage gar nicht so unberechtigt, selbst heute nicht, bei aller Freiheit zügellosen Sichauslebens. Je tiefer der Morast, um so stärker die Sehnsucht nach dem Reinen, Unentweihten. Weigert sich nicht mancher, aus einem Gefäß zu trinken, aus dem andere bereits ihren Durst gestillt haben? Sollte das Weib ein minder edles Gefäß sein?

Natürlich wird der moderne Psychologe energisch protestieren, die biologische und psychische Notwendigkeit einer frühzeitigen Befriedigung des Sexualtriebs ins Treffen führen. Unbestreitbar ist daran sicher viel Wahres; andererseits kennt jedoch der Psychotherapeut genügend Frauen, die am ersten Mann kranken, die von ihm nicht loskommen, selbst wenn sie dieser noch so sehr enttäuscht hat. Alles vermögen sie dem anderen entgegenzubringen, Sympathie, Wertschätzung, geistiges Verstehen – nur nicht Liebe! Wie ein Schatten liegt es zwischen beiden, der keinen froh werden läßt.

Befriedigen die Pendelausschläge von der Frau zum Mann nicht, besonders vom Sexuellen und Seelischen her, scheint die Frage nach der Virginität berechtigt. Das Pendel entscheidet am leichtesten, wie weit die Frau – auch wenn sie es nicht wahrhaben will – unbewußt an den ersten Geliebten gebunden ist.

Und noch eine Frage beantwortet das Pendel und löst damit zugleich ein wissenschaftliches Problem: die Imprägnation des Weibes. Der erste in das vordem unberührte Weib eindringende Samen imprägniert es fürs Leben. Ein schwerwiegender Satz. Sämtliche Kinder, gleichgültig mit welchem Mann gezeugt, tragen Erbgut des Deflorierers in sich. Telegonie, Fernzeugung nennt es die Wissenschaft. Glahn fand diese Behauptung durch das Pendel bestätigt. Selbst nach langjähriger Ehe war der Einfluß des ersten Geschlechtsverkehrs noch zu spüren.

Eine Einschränkung allerdings räumt die Wissenschaft ein: Nur wenn der Same in das weibliche Organ gelangt, findet die physiologische Imprägnation statt, die fernzeugend weiterwirkt. Jedenfalls dürfte jedoch stets eine mehr oder minder starke seelische Imprägnation erfolgen, wie jene Fälle zu beweisen scheinen, wo das »Hängen am ersten Geliebten«, das unauslöschliche Bild des Animus, kein echtes Liebesempfinden mehr zuläßt. Jungfräulichkeit ist kein Belangloses; es ist nicht egal, wie sie verloren geht, zeigt doch die Natur selbst in der Symbolform des Hymen, wie hoch die Schöpfung das reine Weib bewertet. Bestimmt dachten sich auch jene Gesetzesgeber etwas, die die Virginität vor der Ehe forderten, mag es auch heutigentags veraltet klingen und biologisch untragbar scheinen.

Die Pendeluntersuchung nach Glahn:

Man halte das Pendel über die Sexualgegend des Weibes und verlange hierfür den entsprechenden Ausschlag. Nachdem das Pendel in Schwingung ist – was meist in Richtung Ost-West erfolgt –, tippe man mit dem linken Zeigefinger auf den Kopf der Frau.

Bei noch intakter Virginität bleibt der Pendel stehen. (Was nach Glahn besagt: »Das Weib ist noch Eignerin der Fortpflanzungsorgane.«) Bei bereits erfolgter Imprägnation schwingt das Pendel jedoch unvermindert weiter.

Berührt man aber mit dem Finger das Bild des Deflorierers, wird das Pendel sofort gehemmt und kommt alsbald zum Stillstand. Bei anderen Männern reagiert das Pendel nicht, es sei denn, es handle sich um Blutsverwandte der Frau.

Die Vaterschaft ist nach Glahn auf ähnliche Art nachzuweisen.

Legen Sie neben das Bild des Kindes (oder eines Odträgers) ein Odobjekt des vermutlichen Vaters. Halten Sie nun das Pendel über das Kind. Schwingt es in genügend starker Bewegung, berühren Sie das Pendelobjekt des Mannes. Nach dem »Gesetz der Hemmung« müßte, falls Vaterschaft besteht, Pendelstillstand eintreten, vorausgesetzt wieder, daß die Kindesmutter nicht mit dem Betreffenden blutsverwandt ist.

Schwingt unser Instrument indes weiter, dann ist der Untersuchte nicht der Vater. »Was mit dem Pendel übereinstimmt, verursacht Pendelruhe« (Glahn).

So läßt sich auch jede Schrift, jedes Gemälde auf »echt« und »falsch« prüfen. Wir pendeln einfach das anonyme Schreiben aus und berühren mit der linken Hand den Beschuldigten oder einen seiner Odträger. Bleibt das Pendel stehen, sind wir mit unserem Verdacht im Recht. Außerdem können wir noch das Pendeldiagramm der umstrittenen Schrift mit dem der Handschrift des Verdächtigen vergleichen.

8. Erkrankte Organe

»Das Pendel schwingt in normalen Bahnen über gesunden Geweben, in bedenklichen, auf alle Fälle abgeschwächten Ausschlägen über eine von einer Krankheit ergriffenen Zelle. Sind sie vollkommen abgestorben, so steht das Pendel still.«

Dies sind Erfahrungen Kallenbergs. Krankheit bedeutet für ihn Störung in »der Aufnahme und Weiterleitung des Lebensstroms«. Das Zellengewebe ist »seines magnetischen Zusammenschlusses beraubt«. Das Pendel zeigt diese Diskrepanz auf.

Alles Gesunde pendelt gleichmäßige, ruhige, kräftige Kreise. Jede Abweichung deutet auf gesundheitliche Störung. Wo ein Organ auch im Normalfall andere Pendellinien ergibt, etwa Ellipsen oder Striche, müssen, von diesem aus gesehen, Abweichungen entsprechend bewertet werden.

Entzündliche Stellen strahlen stark; sie schleudern förmlich das Pendel zur Seite. Auch zitternde Rosettenform beschreibt Kallenberg mitunter. Bei leichteren Entzündungen sucht das Pendel der erkrankten Stelle auszuweichen oder es verweilt kurze Zeit in Ruhe.

Nicht mehr funktionsfähige Organe bringen das Pendel zum Stillstand beziehungsweise geben keine Ausschläge (besonders abgestorbene Lungenteile). Immer, wenn nach langem Warten kein Ausschlag erfolgt, ist mit einem völlig abgestorbenen Organ zu rechnen.

Querstriche über dem Kopf sind bedenklich. Meist zeigen sich dadurch geistige Störung und abnormes Triebleben.

Nervosität gibt geschwächte Pendelschwingungen, zumeist in immer kleiner werdenden Ost-West-Strichen mit nachfolgendem Stillstand.

Bei rheumatischen Erkrankungen wurden ungewöhnlich heftige Pendelausschläge beobachtet.

Stillstand über dem Herzen und dem Großhirn bedeutet Tod. Anhand eines Fotos läßt sich nachweisen, ob der Betreffende noch lebt. (Bei entsprechender Fragestellung natürlich auch mit anderen Odträgern.)

Der Sitz eingedrungener Fremdkörper, etwa Granatsplitter und ähnliches, läßt sich gleichfalls mit dem Pendel eruieren.

Einige weitere Ausschläge nach A. Glahn:

»Gesundheit: normale Linien; Krankheitszustand: Abweichende Ausschläge über dem Organ.

Schwärende, fressende oder faulende Zustände: das ruhende Pendel wird vom Organ angezogen.

Verkalkung: kleine zitternde Dreiecksfiguren, schwach, Unterbrechung durch Stillstand.

Psoragifte: unregelmäßige, größere, zitternde Dreiecke.

Wunden: Das Pendel ist bestrebt, der Stelle auszuweichen; es wird zur Seite geschleudert.

Hysterie: lebhafte, erregende, nervöse Linien.

Gehirnschwäche: über der Stirn nervös; an den Eckpunkten wie an eine feste Wand stoßend.«

Einfacher ist die Methode von Ernst Schradin. Hier wird der Körper zonenweise ausgependelt; es wird festgestellt, »welche Körperteile gesund sind, welche leicht oder welche schwer erkrankt sind.« Besondere Pendelbahnen werden dabei nicht erwartet, nur Kreise:

Gesundheit: »Schöne, große Schwingung«;

leichte Erkrankung: »wesentlich herabgeminderte Schwingung«;

schwer erkrankt: »Pendelstillstand«.

Schradin bependelt den Körper auch von der Seite. Um den Sitz der erkrankten Stelle zu ermitteln, sucht er den »Schnittpunkt der beiden Linien des Pendelstands, die wir uns durch den Körper gezogen denken müssen.« (G. W. Surya: *Okkulte Diagnostik und Prognostik.*)

Wohl das einfachste Verfahren. Ähnlich verfuhr Pflege-

und Diasporaschwester Julie Kniese. Auch sie pendelte den ganzen Körper vorerst ab, wobei sie gleichzeitig jene Stellen abgrenzte, »innerhalb derer das Pendel im Ausmaß seiner Schwingungen nachließ beziehungsweise ganz ruhte«.

Professor Benedikt erhielt bei gesunden Männern über Kopf, linke Extremitäten und linke Rumpfhälfte linksgedrehte Kreise, bei Frauen linksgerichtete Ellipsen.

Sanitätsrat Dr. Clasen wandte zwei Arten des Pendelns an: *Aktiv,* mit bewußter Fragestellung pendelte er, um den Herd der Krankheit zu ermitteln; *passiv,* völlig gedankenleer, abwartend, um über das Wesen der Erkrankung Näheres zu erfahren, das charakteristische Pendeldiagramm des befallenen Organs zu erhalten.

Wieder andere Pendler verfahren einfach so: Sie halten das Pendel über jeden Körperteil und fragen, ob gesund, leistungsfähig oder krank. Im positiven Falle bejaht das Pendel, im negativen antwortet es mit Stillstand.

Nie vergesse man, das Maß an vorhandener Lebenskraft mit einzubeziehen.

Die aufgezeigten Arbeitsweisen sollen nur richtunggebend sein; die eigene Erfahrung wird Ihnen »Ihre« Methode diktieren. Übung macht auch hier den Meister. Im Lauf der Zeit stellen sich – wie bei der Vergleichspendelung – entsprechend der Krankheit gewisse Empfindungen ein, meist unangenehmer Natur. Hochsensitive Pendler empfinden an den eigenen Organen die gesundheitlichen Störungen des Patienten.

9. Heilmittel – Diät – Gifte

Das Pendel zeigt uns nicht nur Art und Sitz der Krankheit, sondern es weist uns auch die Mittel, dem Übel Herr zu werden.

Untersuchungsmethoden

1. Neben die Hand des Patienten oder seines Odträgers wird das mutmaßliche Medikament gelegt. Das Pendelverfahren ist wie bei der Sympathiefeststellung:
   Einkreisung: Mittel ist gut;
   Trennstrich: Mittel schadet;
   Verbindungsstriche: das Mittel schädigt wohl nicht, es hilft aber auch nicht viel.
   Schwingt das Pendel vom Medikament zum Patienten, baut es auf, kreist das Pendel jedoch in umgekehrter Richtung, vom Heilungssuchenden zur Arznei, scheidet diese die Krankheitsstoffe aus.
   Vorstehendes gilt auch für Speisen und Genußmittel.
2. Das Pendel wird über den Patienten oder dessen Odträger gehalten. Der Pendler tastet der Reihe nach die vor ihm liegenden Arzneien ab. Bei dem entsprechenden Medikament beginnt das Pendel zu kreisen.
3. Zeigt das Pendel das Schwingungsbild des Störungsherds an, nehme man das fragliche Heilmittel in die linke Hand. Werden die infolge Erkrankung gestörten Pendelbahnen wieder normal, so ist von der Arznei Hilfe zu erwarten; verbleibt das Pendel jedoch bei seinen anormalen Bewegungen oder gerät er sogar in Stillstand, dann scheidet das Mittel aus; es muß nach einem anderen gesucht werden.
4. Der Kranke nimmt das Mittel selbst in die Hand, über die nun das Pendel gehalten wird. Schlägt er Kreise, so ist die Arznei zur Behandlung geeignet.

Vor Beginn einer jeden Untersuchung tippe man mit dem Pendel an die Arznei; man lasse ihn gewissermaßen daran »riechen«.

Hält man den Pendel in unmittelbarer Nähe des Medikamentes, reagiert er mehr auf die stoffliche Ausstrahlung; geht man mit ihm langsam höher, zeigt er die Aura der Bestandteile an.

Homöopathen und Biochemikern ist es somit möglich, die richtige Dezimale ihrer Verreibungen zu bestimmen. Daß die homöopathische Verdünnungen stärker wirken als deren Urtinktur, stellte unter anderem Dr. med. Weiß aufgrund der verstärkten Pendelschwingungen fest.

Auch Komplexmittel kann der Heilkundige entsprechend zusammensetzen. Er braucht lediglich zu untersuchen, ob das Pendel die einzelnen Bestandteile – den Patienten inbegriffen – umschließt.

Das gleiche Verfahren gilt selbstverständlich für Kräutermischungen. Auf die gleiche Art kann auch die Heildiät zusammengestellt werden.

Ferner lassen sich Nahrungsmittel, Gewürze, Genußmittel auf ihre Zuträglichkeit prüfen. Das Pendel stellt des weiteren fest, in welchem Maß und für welche Zeit sie uns bekömmlich sind, denn was heute gerade noch erlaubt ist, ist es morgen vielleicht nicht mehr – und möglicherweise übermorgen schon wiederum. Stets entscheidet der momentane körperliche Bedarf.

Ebenso lassen sich die biochemischen Grundstoffe finden, an denen es dem Organismus gerade mangelt.

Auch bei Tier und Pflanze findet die Pendeldiagnose Anwendung. Glahn steht übrigens auf dem Standpunkt, daß damit eigentlich begonnen werden müßte, ehe man sich an den Menschen wagt. Er untersuchte seine Blumenlieblinge sorgsam mit dem Pendel, der ihm auch die biochemischen Zusätze anriet, die jedes Pflanzenkind von Fall zu Fall benötigte.

Interessante Aufschlüsse zeigt die Auspendelung des Sympathieverhältnisses bei Tieren und Pflanzen. Nicht jede Pflanzengattung verträgt sich mit den Vertretern einer anderen Sorte. Im Tierreich ist ein Gleiches zu beobachten.

VIII. Charakterveranlagung und Pendeldiagramm

Ist es nach all dem noch erforderlich, darauf hinzuweisen, daß das Pendel auch unsere charakterliche Veranlagung rücksichtslos bloßzustellen vermag?

Wieder können wir auf die Anwesenheit des zu Testenden verzichten und uns seines Odträgers bedienen. Seit Friedrich Kallenberg weiß man, daß Handschrift und Foto über den Charakter ihres Eigners pendeldiagnostische Schlüsse zulassen.

Auch hier ist die Methodik der Ermittlung nicht einheitlich. Wieder sucht jeder Pendler nach der ihm am besten zusagenden Arbeitsweise. So sollen auch nachstehende Fingerzeige nur richtungweisend sein.

Pendeln Sie zunächst eine Anzahl von Personen aus (beziehungsweise deren Odträger). Verlangen Sie das Charakterdiagramm. Beobachten Sie genau, welche Figuren der Pendel beschreibt.

Zählen Sie die Anzahl der möglicherweise erfolgenden Kreise, Ellipsen und Striche. Vergleichen Sie deren Größenunterschiede zueinander sowie Art und Stärke der Ausschläge. Stoppen Sie ferner die Länge der mitunter eintretenden Pendelruhe.

Sie müssen dabei unterscheiden lernen, ob der Pendelstillstand zum Diagramm gehört und bei der Deutung berücksichtigt werden muß oder ob er nur Schluß und Neubeginn des Pendelbildes anzeigt. Warten Sie daher jedesmal gelassen ab, bis der Pendel wieder von vorne das Diagramm ablaufen läßt. Zu Ihrer Freude werden Sie sehen, wie dies mit der Präzision einer spielenden Grammophonplatte geschieht.

Steht Ihnen ein gleichgestimmter Pendelfreund zur Seite, dessen sensitiver Organismus gleich dem Ihren reagiert, dann stellen Sie die Versuche zu zweit an, und zwar mit den Odträgern ein und derselben Person. Sie werden staunen, wie beide Pendel gleichzeitig in gleicher Linienführung schwingen. Ich selbst habe diese Versuche mit Erfolg durchgeführt.

Obige Charakterermittlung ist die ursprünglichste. Sie beruht auf direkten Strahlungsimpulsen.

Friedrich Kallenberg gab als erster Pendeldiagramme dieser Art bekannt, wie er sie überraschenderweise über Fotografien und Schriften erhalten hatte. Zum besseren Verständnis bringen wir hier einige der markantesten nach Kallenberg. (Friedrich Kallenberg: *Offenbarungen des siderischen Pendels. Die Leben ausströmende Photographie und Handschrift.*)

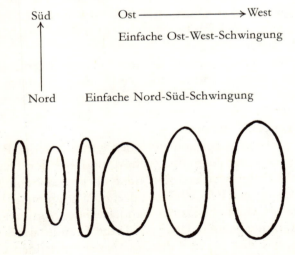

Darstellung der häufigsten Pendelbahnen innerhalb der Ionenschwingungen

Normale weibliche Ellipsen in Nord-Süd-Richtung

 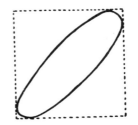

Ausgleichs-Ellipse zwischen Kreis und Ellipse

Anomale Schräg-Ellipse

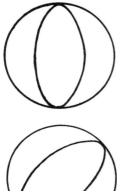 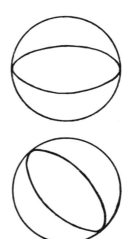

Der männliche Kreis mit weiblichem Einschlag oder umgekehrt

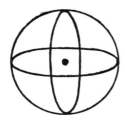 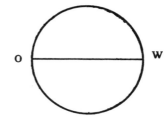

Männlicher Kreis mit abnorm femininem Einschlag (● = Pendelstillstand)

Kreis mit abnormer Ost-West-Schwingung

 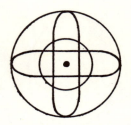

Nord-Ost, Süd-West und
Nord-West-Südost-Pendel-
bahnen mit Innenkreis

Abnormale Kreisbahn mit
Quer-Ellipse und kleinem Kreis.
(Der nachfolgende Pendelstill-
stand verstärkt das Abnorme)

 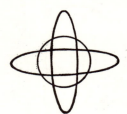

Überwiegen der weiblichen
Ellipsen

Verstärkt durch
Querellipsen

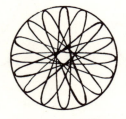

Kreis mit femininer Ellipsenrosette

Friedrich Kallenberg unterschied drei Typen:

1. mit männlichen Kreisen,
2. mit weiblichem Ellipsenschwung,
3. mit veränderten Pendelbahnen.

Längst begnügt man sich mit dieser Feststellung nicht mehr; die Deutung ist um vieles diffiziler geworden.

Kreise

deuten auf Harmonie, Lebensfreude und Lebenskraft, auf
ein sonniges sympathisches Naturell mit positiver Einstellung zum Schicksal. Sie weisen auf Aktivität, auf eine
energetische männliche Persönlichkeit.

Der Kreis stellt das geistige Prinzip dar.

Wie weit die genannten Eigenschaften nun tatsächlich in
einem Charakterdiagramm vorherrschen, in welchem
Maße sie sich auswirken, zeigen Stärke und Lebhaftigkeit
der Pendelschwingungen, vor allem auch Enge und Weite
der diversen Kreisbahnen und wie oft diese im Pendelbild
auftreten, ob sie dieses beherrschen oder nur mehr oder
minder richtunggebend färben. Ebenso ist die Drehrichtung nicht gleichgültig. Rechtsgerichtete Bewegungen (im
Sinne des Uhrzeigers, von Ost nach West) werden in der
Regel gut bewertet, denn alles Normale pendelt so. Links-
drehungen gelten als mehr oder minder bedenklich. Sie
deuten auf Verkehrtes. Nach Professor Wolff deutet
Rechtsschwung auf eine »Verstärkung des Egoismus und
des Selbstbehauptungswillens«, Linksschwung auf
»Selbstschädigung durch unangemessene Einbildung und
Überheblichkeit«. Übermäßig große Kreise verraten
»Machtwahn« und »Scheingröße«. Bei stark maskulinen
Frauen zeigen sich mitunter solche abnormen Kreisbah-
nen. (Hellmut Wolff: *Siderische Pendelpraxis.*)

Ellipsen

weisen eine noch größere Mannigfaltigkeit in der Form-
führung auf, wie wir aus den beigegebenen Diagrammen
ersehen. Zuweilen nähern sich Ellipsen der Kreisform; sie
können aber auch lang und schmal sein, senkrecht stehen,
waagrecht liegen oder in verschiedenen Schräglagen
schwingen. Darauf ist zu achten.

Manche Pendler bezeichnen die Ellipse an sich als halb-
gut oder neutral. Sie gilt als negativ, weiblich, und steht
auch für das Seelische.

Infolge der beiden Brennpunkte, die jede Ellipse aufweist, unterstellt ihr Hellmut Wolff eine gewisse Zwiespältigkeit. »Diese Zwiespältigkeit wirkt sich aber auch im Gedanken- und Wunschleben des Auszupendelnden aus und bewirkt eine stete Unruhe, die in jedem Dualismus vorhanden ist.«

Die *liegende* Ellipse (analog dem Ost-West-Strich) zeigt die Triebseite des Getesteten, seine Sexualität und Liebesfähigkeit. Ferner gibt die waagrechte Ellipse Aufschluß über das Unbewußte. Sensitive haben im Pendelbild weite Ellipsen in waagrechter Lage. Gesellen sich der ruhig schwingenden liegenden Ellipse Kreise bei, so kann nach Glahn auf Liebe und Güte geschlossen werden.

Die *senkrechte* Ellipse gibt dem Weiblichen eine mehr positive energiegeladene Note. Bei der Frau wird das Intellektuelle überwiegen, das Gefühlsmäßige mehr in den Hintergrund treten, beim Mann hingegen wird gerade dadurch das Verstandesdenken vom Gefühl aus geleitet werden.

Vielen Pendlern gilt die aufrecht stehende Ellipsenform als Ego-Ellipse. Sie wird besser bewertet als der Ego-Strich.

Ellipsen in *Schräglage* zeigen im allgemeinen das Abträgliche der Charakterseite an, die Umkehrung, wo aus weiblich weibisch wird, Sympathie sich in Antipathie kehrt und wo es dem Willen an Durchsetzungskraft fehlt. Auch auf Depressionen weist dieser Ellipsenschwung, auf gesundheitliche Störungen, ethische Schwächen und anderes Negatives. Linksdrehung verschlechtert noch mehr das an sich schon Bedenkliche.

Striche

sind noch abträglicher zu bewerten als die Ellipsenform. Es liegt ihnen das Trennende, das Nein zugrunde.

Der *senkrechte* Strich ist die Ich- und Willenslinie, wie sie uns schon im Symbol der Rune IS, der Ich- und Willensrune, entgegentritt (Spiesberger: *Runenmagie*). Die Senkrechte symbolisiert die Persönlichkeit. Wir haben somit in ihr die Linie des Ego, der ichbewußten Individualität.

Gleichzeitig gilt der Nord-Süd-Strich als Verstandeslinie. Ein besonders günstiges Zeichen sind gleichmäßige, ruhige, nach beiden Richtungen sich erstreckende Ausschläge.

Dominiert jedoch der Nord-Süd-Schwung zu stark, dann ist auf übertriebenen Egoismus, auf Willenshärte und Herrschsucht zu schließen, besonders dann, wenn das Pendel in die Nordrichtung förmlich gerissen wird.

Die Senkrechte, pendelnd von Norden (unten) nach Süden (oben), deutet (nach Wolff) besonders bei Fragestellung »auf eine heimliche Sehnsucht, welche als unerfüllte Kraft dem Menschen innewohnt. Sei es die Aussichtslosigkeit, sei es der Scheideweg«. Dieser Strich drückt »etwas noch nicht Erfülltes oder etwas nicht Erfüllbares« aus.

Der *waagrechte* Strich muß in seiner Schwingung besonders genau studiert werden. Die Art des Pendelausschlags entscheidet. Dieser kann harmonisch erfolgen, aber auch in heftigen, zuckenden, nach links und rechts reißenden Bewegungen.

Der schlichte Ost-West-Strich deutet auf das vegetative Prinzip, auf den normalen körperlichen Liebestrieb und ist über der Genitalgegend absolut natürlich, über dem Kopf dagegen sehr bedenklich. Es besteht die Gefahr des Irreseins. Die Horizontale deutet auch auf Hemmung des geistigen Wollens, auf »die Durchkreuzung hochgespannter Wünsche«.

Bei der Charakterpendlung soll die Waagrechte nicht überwiegen, sonst ist sie Anzeiger niederer Leidenschaften, moralischer Verkommenheit. Der Ost-West-Strich ist zu finden bei Prostituierten, anormal Veranlagten, kriminellen Elementen, bei Lügensucht und geistiger Minderwertigkeit. Die Waagrechte gilt als die Mörderlinie schlechthin, dies um so mehr, wird sie von schrägen und senkrechten Linien wirr durchkreuzt. A. Frank Glahn achtete des weiteren darauf, ob das Pendel den Antrieb von

Osten nach Westen oder umgekehrt von Westen nach Osten erhielt. Den ersten Impuls bewertete Glahn besser. Seiner Ansicht nach zeigen sich hier geistigmediale Einflüsse, indes die zweite Schwingungsrichtung schlechte, triebhafte Anlagen befürchten läßt.

Stets differenziert die Stärke des Ausschlags, das »Rhythmische« und das »Arhythmische« seiner Bewegungen die Aussage. Alles Schwache, Kranke, Absterbende wird den Pendel irgendwie hemmen; erregende, aufpeitschende Empfindungen verleihen ihm Kraft. Je wütender er am Faden zerrt, desto bedenklicher für die Güte und Harmonie des Charakterbildes.

Wechseln Senkrechte und Waagrechte (also ein Kreuz bildend), so ist nach Wolff auf Krisenspannung materiellen oder seelischen Charakters zu schließen. Eine harmonische Lösung steht in Aussicht, folgen dem Kreuz ruhige Rechtskreise.

Schrägstriche werden von der Mehrzahl der Pendelkundigen äußerst kritisch beurteilt. Krankheit, Vernichtung und Tod und alles Übel spricht aus den Schrägkreuzen. Nicht so kraß urteilt Wolff darüber. Ihm ist die NO-SW- und NW-SO-Linie Symbol »zweier sich oft widerstreitender Kräfte«, die wohl bis zu »kritischer Vernichtung« wirken können, aber auch die Keime »zu positiver Höchstleistung« in sich tragen.

Zitternde Pendelruhe
weist auf eine Diskrepanz in der charakterlichen Veranlagung, auf Unzuverlässigkeit, inneren Widerstreit im »Kampf zwischen Gut und Böse«, unterdrückte seelische Erregungen, »auf Stauung, Hemmung, Komplexbildung«. Zeitweiser Pendelstillstand kann auch Ausdruck einer vorübergehenden inneren Leere sein, einer Vereinsamung oder Verlassenheit.

Die Gefühls- und Empfindungseindrücke während des Auspendelns sind gleichfalls genau zu berücksichtigen. Sie unterstreichen die Pendelaussagen. Zumeist erkennen wir schon an dem Unbehagen, das uns befällt, das negativ zu Bewertende in der Struktur eines Diagramms.

Selbstverständlich lassen sich für die Beurteilung des Charakters einer Person auch andere pendeltechnische Wege einschlagen, einfachere und kompliziertere, als wir eben zeigten.«

Fragen Sie der Reihe nach, wie weit in dem zu Testenden vorherrschen:

1. das Geistige, symbolisiert durch Kreise;
2. das Seelische, symbolisiert durch Ellipsen;
3. das Triebhafte, symbolisiert durch waagrechte Striche.

Das Zahlenverhältnis entscheidet. Herrscht das Geistige vor, müssen die Kreise überwiegen. Bei weiten, liegenden Ellipsen liegt sicherlich ein ethisch höher zu bewertendes Seelenleben vor als bei schmalen, fast strichförmigen Ellipsenbahnen in Schrägstellung. Das gleiche gilt von Strichen. Extreme Ausschläge sind immer bedenklich.

Jeder Mensch trägt Gegengeschlechtliches in sich, der Mann Weibliches, die Frau Männliches. Den Ausschlag gibt die Komponente, die überwiegt. Sie bestimmt, ob wir es mit einer mehr femininen oder einer überwiegend maskulinen Persönlichkeit zu tun haben.

Fragen Sie, wieviel Prozent »Mann« und wieviel Prozent »Weib« in der zu untersuchenden Person stecken.

Zählen Sie sorgfältig Kreise und Ellipsen, und Sie werden wissen, was vorherrscht. Fassen Sie sich jedoch in Geduld. Mitunter erfolgen weit über hundert Ausschläge.

Ein besonderes Verfahren, das weitgehende Schlüsse ermöglicht, erdachte A. Frank Glahn. Das in Kreuzform in vier Quadranten geteilte Pendelschema bezieht gleicherweise das Geistige, das Seelische, das Ober- und Unterbewußte ein. (Siehe: Glahns Pendelbücherei, Band IV. Seele und Geist, Charakter und Anlagen.)

Ganz leicht ist es freilich nicht, nach diesem Schema zu pendeln. Genau muß darauf geachtet werden, nach welchen Quadranten der über den Kreuzungspunkt gehaltene Pendel ausschlägt, ob in die Region des Wachbewußten oder des Unbewußten.

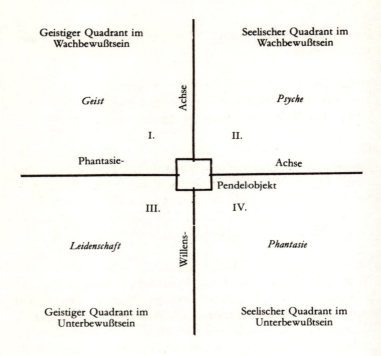

Aber Glahn ließ es dabei nicht bewenden; er unterteilte das Schema weiter durch eine Anzahl strahlenförmig durchgehender Linien. Nachstehend bringen wir den Aufriß dieses Schemas.

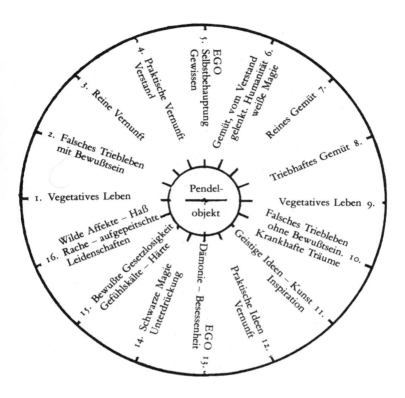

Penderuntersuchungen anhand solch diffiziler Aufteilung der menschlichen Wesenszüge setzen natürlich einen beachtlichen Grad an Können voraus, wie überhaupt Vorbedingung ist, daß das Unbewußte des Pendlers das Glahnsche Schema annimmt und in diesem Sinn reagiert.

Schließlich genügten Glahn diese durch den Pendel in Strichform erhaltenen Aufschlüsse auch nicht mehr. Sie waren ihm noch immer zu allgemein. Er ließ daher den Pendel über dem Charakterschema zusammenfassende Figuren schlagen, wobei sich enger umgrenzte Charakterzüge abzeichneten.

Zum Beispiel ergibt sich Klugheit durch eine Kombination von Vernunft, Verstand und Ego. Duldsamkeit aus Humanität und Güte. Immer komme es hierbei darauf an, welche Charakterlinien im Schema eingekreist werden. Ein Vorgang, der nicht leicht zu beobachten ist, besonders nicht bei einer kleinen Vorlage.

Weiters kommt hinzu, daß bei einer derart detaillierten Charakteruntersuchung streng unterschieden werden muß zwischen echten und unechten Eigenschaften. Sagen wir von einem Menschen, er sei ehrlich, so wissen wir noch lange nicht das Motiv seines ehrlichen Verhaltens. Dieses kann echter Ethik entspringen, es kann aber auch bloß aus Gründen der Zweckmäßigkeit erfolgen, etwa weil sich das Risiko einer unehrlichen Handlung nicht lohnt. Oder Tapferkeit. Wie selten ist es Mut, der Helden zeugt; die Furcht vor Lächerlichkeit gebar wider Willen manchen Draufgänger. Ähnliche Überlegungen sind bei Beurteilung eines jeden Charakterzugs anzustellen. Wir sehen, wie notwendig es ist, daß der Pendler auch in Psychologie und Charakterologie Bescheid weiß.

Ist dies der Fall, kann ähnlich dem Glahnschen Schema auch die Jungsche Funktionstabelle ausgewertet werden, die uns die vier Funktionen vor Augen führt, das heißt die vier Möglichkeiten, sich mit der Umwelt auseinanderzusetzen. In der Regel herrscht eine Funktion vor, während die andere unausgebildet, minderwertig ist. Im Sinne des Ganzheitsstrebens liegt es, dahin zu arbeiten, alle vier Funktionen gleichmäßig zu entwickeln.

Wer im Sinne Jungs Charakterforschung treibt, wird sich dieser Einteilung mit Nutzen bedienen.

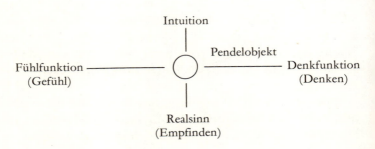

Erwähnt sei ferner noch ein Achsenkreuz nach Glahn, das eine sechsfache Anordnung elliptischer Ausschläge ermöglicht (Glahns Pendelbücherei, Bd. IV).

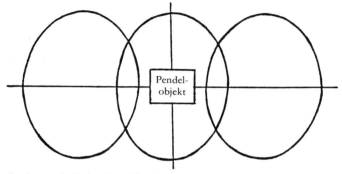

1. Seele und Geist im Oberbewußtsein ein (Ethik im äußeren Leben)
2. Körperhafter Trieb (Leidenschaft, Sexus)
3. Seele und Geist im Unbewußten (Ethik im inneren Leben. Religion, Jenseits)

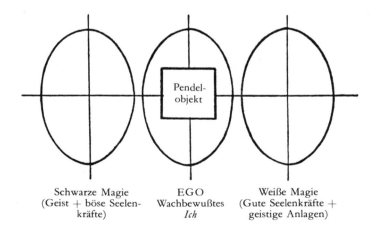

Schwarze Magie	EGO	Weiße Magie
(Geist + böse Seelenkräfte)	Wachbewußtes	(Gute Seelenkräfte +
	Ich	geistige Anlagen)

Wichtig ist hier zu beobachten; ob die Pendelellipse über dem Objekt oder rechts beziehungsweise links seitlich schwingt.

Manche Pendler legen neben das Pendelobjekt ganz einfach einen weißen Zettel, auf dem sie den Namen einer Charaktereigenschaft schreiben. Darüber halten sie nun das Pendel: Je nach Stärke und Form der Einkreisung wird nun auf den Grad der vorhandenen Eigenschaft geschlossen. Pendelstillstand besagt, der Charakterzug mangelt dem Getesteten.

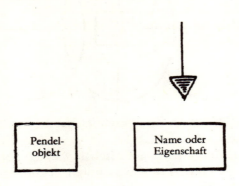

IX. Polarisation

Wir wollen mit unseren bisherigen Versuchen innehalten und nicht eher weitergehen, bis wir nicht in der Frage der Polarisation klarer sehen.

1. Odmagnetische Polarisation

Nach dem Odforscher Freiherr von Reichenbach ist die rechte Körperseite odnegativ, die linke Körperseite odpositiv. Starksensitive sehen das negative Od in rötlichem, das positive Od in bläulichem Lichte leuchten.

Vom Elektromagneten wie vom natürlichen gilt das gleiche. Auch hier leuchtet der Nordpol blau, der Südpol rot.

Auf unsere Frage zeigt uns das Pendel die Polarität an, gleichgültig, ob es sich um einen Magneten aus Eisen oder um einen menschlichen »Odmagneten« handelt. In der Regel schwingt das Pendel

positiv: links herum,
negativ: rechts herum.

Tiere und Pflanzen können ebenfalls auf ihre Polarität hin untersucht werden. Straniak hat gefunden, daß selbst Früchte wie Äpfel, Birnen, Zitronen an jedem Ende eine andere Polarität aufweisen. Dreht man den dem Stiel entgegengesetzten Fruchtteil dem schwingenden Pendel zu, ändert dieser sofort die Richtung.

2. Polarisation der Finger

Über die Pendelhaltung herrschen verschiedene Ansichten. Wir haben bereits kurz an anderer Stelle darauf hingewiesen. Jetzt wollen wir uns eingehender damit befassen. Gerade dieser Punkt mag manchen irre werden lassen. Zuviel an Widersprechendem findet sich in der Literatur über die Befestigung des Fadens.

Kummer zum Beispiel behauptet, die äußersten Fingerspitzen zeitigen andere Ausschläge als die übrigen Fingerglieder. Die Finger zur Faust geschlossen, verstärken die Ausschläge.

Eine unterschiedliche Pendelfähigkeit der einzelnen Finger will Glahn festgestellt haben. Hielt er das Pendel mit dem Zeigefinger allein, waren die Schwingungen kräftiger als bei einer Fadenhaltung mit Zeigefinger und Daumen. Das gleiche beobachtete ich bei mir. Gilt diese Feststellung nun in jedem Fall oder ist sie nur relativ zu bewerten?

Wegweisend scheinen die Entdeckung des Salzburgers Ludwig Straniak diese Frage zu beantworten. (Straniak: *Die achte Großkraft der Natur*.) Straniak bejaht gleichfalls die Polarisation der Finger ähnlich wie Glahn. Was aber diesem verborgen blieb, entdeckte jener. Nach Straniak ist die Polarität der Finger *rein individuell*. Er unterscheidet streng zwischen *positiven, negativen* und *tauben* Fingern.

Der Pendelfaden, an tauben Fingern befestigt, läßt den Pendelkörper stillstehen. Hängt der Faden an einem pendelfähigen Finger und man berührt diesen mit einem pendeltauben, erleidet die Pendelkraft sofort eine Einbuße. Abträglich wird auch die Schwingung beeinflußt, schließen positive und negative Finger den Stromkreis.

Unterlassen Sie es nicht, die Pendelfähigkeit Ihrer Finger nach Straniaks Methode zu überprüfen. Pendeln Sie zuerst einzeln mit jedem Finger der rechten und linken Hand. Natürlich jedesmal über demselben Pendelobjekt. Pendeldrehung im Sinn des Uhrzeigers weist nach Straniak auf *negative,* in entgegengesetzter Richtung des Zei-

gers auf *positive* Finger. Taube Finger sind nicht pendelfähig.

Legen Sie sich hiervon ein Schema an. Verzeichnen Sie
die Polarität eines jeden Fingers. Die möglicherweise vorhandenen tauben dürfen Sie keinesfalls außer acht lassen.

Erproben Sie daraufhin das Polaritätsverhältnis Ihrer
Finger an diversen Objekten. Hier ist Neuland. Hat Straniak recht, dürfte in Zukunft manches Fehlresultat unterbleiben. Bisher pendelte man, ohne es zu wissen, mit ge-
mischten Polaritäten, »bei welchen so verschiedene Ver-
hältnisse auftreten, daß die Gesetze, die dahinter stecken,
nicht klar erkannt werden können« (Straniak).

Abzuwarten bleibt, zu welchem Ergebnis spätere Forscher kommen. Bei mir fand ich die unterschiedliche Polarisation, auf die Straniak hinweist, bestätigt. Neben der
Polarisation der Finger sollte auch das bekannte gegen-
polare Verhältnis von Außen- und Innenhand in der Pendelpraxis mehr Beachtung finden.

3. »Triebseelen«-Polarisation

Die Polarisation des Menschkörpers ist bei Mann und Frau
die gleiche. Bei beiden schlägt das Pendel die gleichen
Figuren. A. Frank Glahn will außer der odischen Polarisation eine »Triebseelenpolarisation« entdeckt haben, die bei
den Vertretern der beiden Geschlechter verschieden ist.
(Glahns Pendelbücherei, Band IV.)

Das Wissen von der geschlechtlichen Polarisierung löst
einen Teil des Geheimnisses der sexuellen Anziehung und
Abneigung.

Daß der sexuelle Erregungszustand zweier Liebespart-
ner auf odmagnetischer Spannung beruht, ist in magisch
wissenden Kreisen bekannt. Ferner weiß man, daß über-
mäßiger Geschlechtsgenuß diese Spannung vorzeitig zum
Schwinden bringt. Hieraus erklärt sich das oft so plötzliche
Erlöschen sinnenberaubender Leidenschaft.

Zu dieser als feststehend erkannten odischen Gesetzmäßigkeit tritt ergänzend hinzu: das Problem der Triebseelenpolarisation. Dieses Problem ist um so verwickelter, da die geschlechtliche Polarität keiner Norm unterliegt. Es finden sich immer wieder Individuen, die *verkehrt* polarisiert sind.

Normalerweise muß das Pendel auf die Frage nach der Polarisation der Triebseele bei der Frau in der dem Manne entgegengesetzten Richtung zum Ausschlag kommen. Zeigen sich bei Mann und Weib die gleichen Pendelkurven, so ist einer davon verkehrt polarisiert. Bei Vergleichsanalysen sollte deshalb die Frage nach dem Triebpolaren nie unterlassen werden.

Verbindungen zwischen triebpolar normal Schwingenden und verkehrt Polarisierten bergen eine Gefahr in sich. Der verkehrt Polarisierte wirkt durch seine Ausstrahlung, durch die andersgelagerte Polung seines ätherischen und astralen Schwingungszustandes vergiftend auf den Normalen ein. So manche zerrüttete Ehe findet damit ihre Begründung.

Verbindungen zwischen zwei verkehrt Polarisierten sind triebmäßig und gesundheitlich weniger von Nachteil, da sie ja wieder eine gegensätzliche Spannung ermöglichen, indem der Mann die weibliche Triebkonstante, die Frau die männliche aufweist.

Seien Sie aber mit Ihrem Urteil zurückhaltend, ehe nicht die eigene Erfahrung obige Behauptung bestätigt.

X. Eigenstrahlung oder Durchstrahlung

Seit Reichenbach die odische Emanation entdeckt hat, gilt in okkult-wissenschaftlichen Kreisen die fluidale Eigenstrahlung der Substanzen als erwiesen.

Straniak widerspricht als erster. Die Materie an sich strahlt nicht, sie wird *von außen her durchstrahlt*. »Es kommt aus dem Körper nur das heraus, was auf der entgegengesetzten Seite in ihn eingedrungen ist.« Dieses Agens nennt Straniak, in Anlehnung an die sieben bekannten Modifikationen der Energie, die »achte Großkraft der Natur«.

Die Durchstrahlung der Materie kann an sechs Seiten erfolgen: aus den vier Himmelsrichtungen Süden, Osten, Norden, Westen, und lotrecht aus Höhe und Tiefe. Nicht jeder Stoff ist gleich durchstrahlbar. Ludwig Straniak unterscheidet vom Ein-Axer bis zum Sechs-Axer. Auch Null-Axer finden sich, das sind Stoffe, die sich den Strahlen der Achten Naturkraft gegenüber als immun erweisen, wie beispielsweise Rindertalg und Walrat.

Ein-Axer werden nur aus einer der sechs möglichen Richtungen durchstrahlt. Zum Beispiel Nickel, von Osten nach Westen.

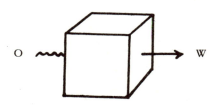

Zwei-Axer, aus zwei der sechs möglichen Richtungen: Zum Beispiel: Blei und Kochsalz; von Osten nach Westen, von Süden nach Norden.

Bei Drei-Axern aus drei Richtungen.

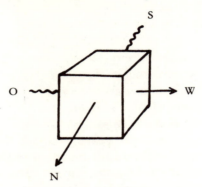

Sechs-Axer reagieren auf die Strahlen aus allen sechs Richtungen. Zum Beispiel Messing, Bernstein, Kohle.

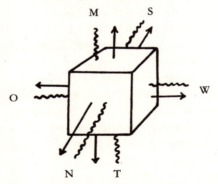

Pendelexperimente führten Straniak zu dieser überraschenden Entdeckung. Das Pendel ließ ihn erkennen, »daß sich die Durchstrahlung der Materie von den Strahlen der Achten Naturkraft in der Luft fortsetzen und dort Wellenbewegungen aufweisen«.

Durch Isolatoren soll sich die Durchstrahlung verhindern lassen. Es sei ihm gelungen, schreibt Straniak, »Stoffe ausfindig zu machen, welche als Isolatoren und Teilisolatoren der Achten Großkraft zu betrachten sind und eine Abschirmung derselben in der Luft zu bewirken vermögen«.

Um es dem Forschenden zu ermöglichen, auch in dieser Hinsicht seine Untersuchungen anzustellen, seien einige grundlegende Versuche Straniaks skizziert.

Experimente nach Straniak

1. Grundversuch

Vorbedingung: Nur Pendelfähige mit positiven und negativen Fingern an *beiden Händen* eignen sich hierfür.

1. Als Pendelobjekt diene ein sechsachsiger Körper, am besten ein Stück Messing.
2. Das Pendelobjekt legen wir in Richtung des magnetischen Meridians auf eine Unterlage aus Wachsleinwand. (Bei Feststellung der Tiefenstrahlung müssen wir die Unterlage jedoch entfernen.)
3. Stand: Gesicht nach Süden.
4. Pendel zwischen Daumen und Zeigefinger der rechten Hand. (Sofern diese die gleiche Polarität aufweisen, sonst mit zwei anderen Fingern oder nur einem.)
5. Linker Arm: Beim ersten Versuch: horizontal nach Osten gerichtet, alle fünf Finger weit gespreizt.
   Beim zweiten Versuch: Arm wie zuvor nach Osten, die fünf Finger zur Fläche geschlossen, parallel zueinander.
   Beim dritten Versuch: Arm wie zuvor. Finger zur Faust geballt.

Laut Straniak wird das Pendel bei jeder Fingerhaltung anders reagieren. Die gefaustete Linke lähmt ihn vollends.

Wiederholen Sie diesen Versuch mit anderen Pendelobjekten. Nehmen Sie jetzt Blei, Kochsalz oder Nickel.

Weitere Versuchsvariationen

1. Wiederholung des Grundversuches mit diversen Pendelfäden aus verschiedenen Materialien: Seide, Leinen, Wolle, Frauen- und Pferdehaar. Beobachten Sie, ob und wann, ja wie das Material des Fadens das Pendelergebnis beeinträchtigt.

2. Wiederholung des Grundversuchs mit Pendelkörpern aus verschiedenem Material, vor allem aus Messing, Silber, Gold, Blei, Eisen, Bernstein. Sie stellen fest, wieweit das Material des Pendelkörpers von Einfluß ist.

3. Wiederholung des Grundversuchs mit Auswechslung der Unterlage. Nehmen Sie Seide, Baumwolle, Leinen, Holz (weißes Ahornholz), Kupferblech, Zinkblech, Platte aus Blei. Welche Stoffe isolieren tatsächlich?

4. Wiederholung des Grundversuchs mit Abschirmung. Isolatoren hemmen das in »der Richtung der Finger« einfließende Agens der achten Großkraft. Straniak schlußfolgert, »daß es sich hier um eine nach den vier Himmelsrichtungen gerichtete Einstrahlung handelt«. Prüfen Sie seine Behauptung:

    4.1 Schirmen Sie durch eine Isolationsschicht Ihre als Antenne dienende Linke ab, indem Sie eine Korkplatte oder eine dicke Wattefläche vor die Fingerspitzen halten.

    4.2 Wechseln Sie die Antennenstellung. Strecken Sie den linken Arm nach oben; hierauf nach unten, um die Höhen- und Tiefenachse der achten Naturkraft zu erfassen.

5. Wiederholung des Grundversuchs bei wechselnder Fußstellung.

    5.1 Der rechte Fuß wird während des Pendelns einige Zentimeter vom Boden erhoben.

    5.2 Der gleiche Versuch mit leicht erhobenem linkem Fuß. Pendelergebnis notieren.

6. Wiederholung des Grundversuchs mit geänderter Antennenstellung.

6.1 Drehen des nach Osten gestreckten Unterarms a) nach Westen; b) nach Süden; c) nach Norden.

6.2 Drehen des linken Unterarms nach: NO, NW, SO und SW.

Sämtliche Versuche mit geschlossenen, parallelgerichteten Fingern der linken Hand.

Straniak konnte bei den vier Kardinalrichtungen des Raumes, Süden, Osten, Norden, Westen, Pendelausschläge erzielen. Aus den Zwischenrichtungen NO, NW, SO, SW stellte er keinen Zustrom der Achten Naturkraft fest.

7. Wiederholung des Grundversuchs mit Erprobung der Fingerpolarität

7.1 Pendelhaltung mit einem Finger.

Jeden Finger einzeln ausprobieren.

7.2 Pendelhaltung mit Daumen und Ringfinger, Pendelhaltung mit Daumen und Mittelfinger, Pendelhaltung mit Daumen und Kleinem Finger, Pendelhaltung mit Zeigefinger und Mittelfinger, Pendelhaltung mit Zeige-, Mittel- und Kleinem Finger.

7.3 Der gleiche Versuch mit den Fingern der linken Hand, wobei der rechte Arm, bei paralleler Fingerhaltung, die Antennenstellung übernimmt.

8. Wiederholung des Grundversuchs mit Beachtung der Fingerpolarität:

8.1 Pendeln mit den positiven Fingern der rechten Hand, wobei die linke Antennenhand nur die positiven Finger vorstreckt; die negativen und tauben sind einzuschlagen.

8.2 Derselbe Versuch mit den negativen Fingern beider Hände.

8.3 Derselbe Versuch mit nur einem Finger der entsprechenden Polarität.

Straniak hat gefunden, daß die positiven Finger der linken Hand mit Norden und Westen, die negativen mit Süden und Osten korrespondieren. Die positiven Finger der linken Hand ergaben bei Pendelhaltung mit den negativen Fingern der Rechten nach allen vier Himmelsrichtungen Pendelstillstand.

Ebensowenig kamen Pendelbewegungen zustande, pendelte Straniak mit den negativen Fingern der Rechten und bei negativer Fingerhaltung der Linken in Richtung Süden oder Osten.

Die gefaustete Linke hatte in jedem Falle Pendelstillstand zur Folge.

Zwei Gesetze leitete Ludwig Straniak aus seinen Fundamentalversuchen ab:

1. Zum Zustandekommen vom Bewegungen des materiellen siderischen Pendels ist es notwendig, daß die Finger der rechten Hand, aus denen man pendelt, von gleicher Polarität sind wie die Finger der linken Hand, die. gleich einer gerichteten Antenne, nach den Himmelsrichtungen ausgestreckt werden.
2. Bewegungen des materiellen siderischen Pendels haben unter anderem zur Voraussetzung, daß die positiven Finger der Antenne der linken Hand entweder nach Norden oder nach Westen gerichtet werden. Negative Finger der Antenne der linken Hand dagegen müssen nach Süden oder Osten stehen.

Des weiteren folgerte Straniak hieraus:

»Es hat also offenbar jede Fingerspitze gewisse Eigenschaften nach gewissen Himmelsrichtungen, etwa wie die Spitze eines Blitzableiters oder einer Radioantenne, die sie befähigt, das gesuchte Agens des siderischen Pendels aus der Atmosphäre einzusaugen.«

Wiederholen Sie vorstehende Versuchsreihe mit anderen Pendelobjekten (Metalle, Chemikalien und so weiter). Erst bei Versuchen mit verschieden geachsten Körpern wird der Unterschied in den Pendelbewegungen deutlich zum Vorschein kommen.

Aus seinen Entdeckungen sucht Ludwig Straniak das physikalische Gesetz der Pendelschwingungen abzuleiten:

1. Das materielle siderische Pendel schwingt nur über Stoffen und Körpern, die von der Strahlung der achten Naturkraft durchstrahlt werden.
2. Diese achte Naturkraft ist eine nach den sechs Kardinalrichtungen des Raums gerichtete, dreifach polarisierte Strahlung in der Atmosphäre.
3. Das Pendel schwingt nur aus der entgegengesetzten Richtung, aus der das unterlegte Objekt von der Strahlung der achten Naturkraft durchstrahlt wird.

Das aus den sechs Kardinalrichtungen zufließende Agens (Höhe und Tiefe mit einbezogen) bezeichnet Straniak als *Primärstrahlen,* zum Unterschied zu den Materiewellen, den *Sekundärstrahlen,* »die infolge der Durchstrahlung der berührten Materie mit der achten Naturkraft entstanden sind«. Die Sekundärstrahlen zeigen sich durch den »Bährschen Winkel« im »Dynamischen Kreis«.

2. Versuche mit dem »Bährschen Winkel«

Hierzu benötigen wir zwei Pendelobjekte. Über Objekt I halten wir das Pendel, gleichzeitig berühren wir Objekt II mit einem oder mehreren Fingern der linken Hand.

Objekt I liegt im Zentrum des »Dynamischen Kreises«, Objekt II liegt auf demselben Tisch, der jedoch frei sein muß von anderen Gegenständen. Außerdem darf sich das zweite Pendelobjekt nicht in gleicher Horizontebene zum ersten befinden.

Gependelt wird mit einem positiven *und* mit einem negativen Finger der rechten Hand; gleichfalls mit positiven *und* negativen Finger wird Objekt II berührt.

Die nichtbeteiligten Finger beider Hände werden eingezogen, »da sie sonst imstande sind, den Drehwinkel zu fälschen«.

Blickrichtung: Süden.

Als Indikator diene ein Pendelkörper aus Messing. Für Objekt I nehmen wir Gold, für Objekt II nehmen wir Zink.

Bei den späteren Versuchen ersetzen wir das Zink durch andere Stoffe und prüfen die Gradausschläge auf dem »Dynamischen Kreis«.

Gold nehmen wir, weil sich Bähr stets einer Unterlage aus Gold bediente. Ein, wie Straniak nachweist, wichtiger Umstand, den meines Wissens Glahn nicht genug gewürdigt hat. Viele Fehlpendlungen mit dem »Dynamischen Kreis« erklären sich hieraus.

Es würde den Rahmen eines nur wegweisenden Handbuchs weit überschreiten, auf die weiteren Forschungen Straniaks einzugehen. Wir wollten lediglich den Studierenden auch mit dieser Methode bekanntmachen. Pendelfreunde, die sich für die Arbeitsweise des Salzburger Ingenieurs interessieren und bei den Grundversuchen Erfolge erzielen, sei das Studium seines Werkes *Die achte Großkraft der Natur* bestens empfohlen.

XI. Das Pendel als Hellseher

Befragen des Unbewußten

Machen wir jetzt den Pendel zum direkten Mittler zwischen uns und dem Unbewußten, dem individuellen und vielleicht sogar dem kollektiven. Wenn beispielsweise Heinrich Jürgens *(Pendelpraxis und Pendelmagie)* über einen ihm völlig unbekannten Roman den Pendel hält und anhand der Ausschläge die Hauptpersonen und deren Schicksal schildert, dann müssen wir zweifellos von Hellsehen sprechen.

Entweder schöpfte das Unterbewußtsein unmittelbar aus dem Inhalt des Buches, aus seiner geistigen Aura gewissermaßen, oder die seherische Innenkraft verband sich mit den Gedankenformen, den Ideengebilden, die der Autor bei Abfassung seines Werkes aus sich projizierte. Wir hätten also eine Auspendelung von Gedankenbildern im allerweitesten Sinne vor uns. Oder der Seher drang in die Urtiefen des archaischen Bewußtseins und schöpfte aus der »Akascha-Chronik«. Vielleicht überschneiden sich auch alle diese unterbewußten Vorgänge und sehen im Licht einer höheren Dimension ganz anders aus, als wir es vermuten.

Mit Betreten der eigentlichen Domäne des aktiven, des geistigen Pendelns tun sich uns schier unbegrenzte Möglichkeiten auf, Möglichkeiten, die oft über das Ziel schießen lassen. Bei Befragung des Unterbewußten, mehr noch bei Pendelversuchen spiritistischen Charakters, sind wir auf bestem Wege, uns ins Uferlose zu verlieren. Nur der überdurchschnittlich Begabte, der von Natur aus Prädestinierte, der magisch Geschulte, findet sich in diesem trügerischen Bereiche zurecht; jeder andere lasse die Finger davon, es sei denn, er besitze genügend Selbstkritik und gesundes Urteil. Keiner versäume jedoch, die in ihm schlummernden Fähigkeiten durch entsprechende Schulung systematisch zu wecken. (Karl Spiesberger: *Magischesoterische Lebensformung in Theorie und Praxis*.) Nur dann dienen seine Versuche einer objektiven Forschung. Ohne natürliche Veranlagung, ohne geschultes Unterbewußtsein sind nur Zufallsergebnisse zu erwarten. Erst wenn die Treffer hochprozentig die Fehlresultate überwiegen, darf weitergegangen werden. Aber selbst dann noch enthalte man sich eines Urteils. Wieviel Unheil wurde nicht schon angerichtet! Menschen wurden totgesagt, die plötzlich nachher auftauchten; Hoffnungen, die sich nie erfüllten, erweckten Geldgierige, Geltungssüchtige in Trostsuchenden, Verzweifelten.

Einfache Versuche

Legen Sie eine Anzahl Spielkarten auf den Tisch; besser noch, Sie betrauen eine andere Person damit. Halten Sie nun das Pendel über jede Karte und versuchen Sie, das vorher bestimmte Blatt aufzufinden. Bei Gelingen des Versuchs wird das Pendel so lange in Stillstand verharren, bis es die erwählte Karte gefunden hat.

Die Versuche lassen sich auch auf Künftiges ausdehnen. Vor Jahren suchte ein Bekannter ein Zimmer. Er legte mir eine Anzahl in Frage kommender Adressen vor, die ich einzeln auf Zettel schrieb. Die Notizen, gefaltet, zerknüllt, gemischt, wurden nun der Reihe nach ausgependelt.

Festzustellen war, welche Wohnung gemietet werden würde. Dreimal schlug das Pendel über demselben Zettel Kreise. Unser Wunsch beeinflußte das Experiment ganz bestimmt nicht, denn gerade diese Adresse hatten wir von vornherein abgelehnt. Allein die Umstände zwangen meinen Bekannten, seinen Wohnsitz dorthin zu verlegen.

Zwischendurch freilich kann es auch einmal ganz anders kommen. Sind wir von einer Sache zutiefst überzeugt, so besteht die Gefahr, daß dieses Davonüberzeugtsein unsere Pendelschwingungen entscheidend beeinflußt. Ein instruktives Beispiel: Wir saßen zu dritt am Tisch. Eben hatten wir erfahren, eine von uns erwartete Angelegenheit werde wohl günstig auslaufen, doch nicht, wie wir der Meinung waren, schon jetzt, sondern erst viel später. Aufgefordert zur Pendelprobe, nahm ich drei Zettel, schrieb auf den einen: »Es gelingt jetzt«, auf den anderen: »Es gelingt erst später«. Den dritten ließ ich leer, um dem Pendel eine Falle zu stellen.

Klein zerknüllt und gut gemischt legte ich sie vor mich hin und pendelte sie der Reihe nach ab. Ergebnis: zweimal Stillstand, eine Einkreisung. Das Pendel bestätigte, was uns vorhin mitgeteilt worden war. Anschließend wagten meine Tischnachbarn den gleichen Versuch. Das gleiche Resultat beide Male. Eine erstaunliche Feststellung.

Wie ersichtlich bestanden ja für jeden von uns drei Möglichkeiten. Allein trotz aller Einstimmigkeit hatte das Pendel uns falsch beraten, denn die fragliche Sache klappte sehr bald. Was also hatten wir ausgependelt? Den derzeitigen augenscheinlichen Tatbestand, unseren Glauben daran. Unsere Enttäuschung, unsere Befürchtung hatte vom Pendel Besitz ergriffen. Eine große Lehre, wie leicht man richtig falsch pendeln kann.

Ähnlich dem »Inneren Sucher« (wobei sich das Verfahren lediglich auf die Gedankenkonzentration beschränkt), vermag auch der Pendel verlegte Gegenstände aufzufinden.

Halten Sie das Pendel ungefähr zwanzig bis dreißig Zentimeter entfernt vom Körper (oder Sie strecken den Arm ganz aus). Das Pendel wird Ihnen die Richtung weisen, die Sie einzuschlagen haben, bis Sie im Umkreis des Gesuchten stehen. Nun heißt es Differenzieren.

Geben Sie genau acht, wohin die Ausschläge weisen, über welchem Objekt sie erfolgen, ob sie sich verringern oder bei Annäherung an das Vermißte an Stärke gewinnen.

Noch überzeugender wird das Experiment, wenn Sie sich mit verbundenen Augen führen lassen.

Zeichnen Sie einen genauen Lageplan von der Örtlichkeit, wo Sie den gesuchten Gegenstand vermuten. Halten Sie das Pendel darüber, bis sein Ausschlag Ihnen die Stelle anzeigt, die das Vermißte birgt.

Wertvolle Finderdienste hat in vielen Fällen das Pendel schon geleistet.

Versuche genannter Art steigern die Verflechtung mit dem Unbewußten in erheblichem Maße und wecken hellseherische Fähigkeiten bei den entsprechend Veranlagten.

Pendel und Toto

Bei einem meiner Vorträge über Pendelmagie vertraten einige Zuhörer nicht ganz zu Unrecht die Ansicht: Falls Hellsehen mittels Pendel möglich ist, müßte es doch dem geübten Pendler ohne weiteres möglich sein, Lottonummern, Totoergebnisse, Rennfavoriten vorherzusagen.

So dachte auch ich einmal, vor vielen Jahren allerdings; und so mancher Okkultist mit mir. Logischen Erwägungen zufolge müßte es ja auch so sein. Was von dem einen gilt, muß unter den gleichen Voraussetzungen auch von dem anderen gelten.

Haben wir es aber wirklich in unserem Falle mit gleichen Voraussetzungen zu tun? Was ändert sich in meinem Leben, pendle ich verdeckt aufliegende Karten richtig aus, verlegte Gegenstände oder eine unbekannte, mir gleichgültige Anschrift?

Anders aber: Erziele ich durch hellsehendes Pendeln einen beträchtlichen Gewinn! Hier verbirgt sich die entscheidende Antwort: Bestimmung, Karma.

Nur wenn unsere Bestimmung, unser Karma, es will, daß sich diese entscheidende Wendung zum Wohlstand, zum Reichtum, in unserem Leben vollziehen soll, nur dann darf das Pendel in unserer Hand Schicksal spielen.

Nie dürfen wir diesen Umstand außer acht lassen!

XII. Versuche mit Gedankenformen

Der Gedanke, die willensgeladene Vorstellung, läßt sich übertragen, nicht nur auf Papier, Leder oder Metall; jeder Stoff läßt sich damit imprägnieren. Od- und Gedankenschwingungen können auch frei, ohne Unterlage, in den Raum projiziert werden. Bei unseren grundlegenden Pendelversuchen mit Odschwingungen haben wir in dieser Hinsicht einiges schon gelernt.

Bereits Friedrich Kallenberg hat gefunden, daß das Pendel auf »ein in unserem Vorstellungsvermögen erwecktes Wesensbild einer Persönlichkeit« folgerichtig anspricht.

Um zu ermitteln, welche Vorstellung wir von einer Person hegen, genügt es, deren Namen auf ein reines Blatt Papier zu schreiben. Das Pendel wird uns verraten, wie wir den andern innerlich erleben.

Wir können auch mit historischen Gestalten arbeiten; zum Beispiel wie unser Inneres über Napoleon oder sonst eine Persönlichkeit denkt.

Auch den Namen von konkreten und abstrakten Dingen können wir wählen; ferner die Bezeichnung von Charaktereigenschaften wie Demut, Stolz.

Immer wird uns das Pendel sagen, wie unser Unbewußtes ein Ding, einen Wesenszug, eine Charaktereigenschaft erschaut. Pendeln Sie Worte aus, wie: Wille, Trieb, Haß, Liebe, Güte, Neid.

Das Unbewußte schöpft aus der Urbildwelt, dem Reich der Archetypen, und drückt symbolisch die jedem Ding, jedem Wort zugrunde liegende Idee im Pendeldiagramm aus. Doch davon wollen wir erst bei der Symbolauspendelung sprechen.

Des schriftlich fixierten Wortes bedarf es nicht unbe-

96

dingt; es genügt bereits, dasselbe in Gedanken auf eine Unterlage zu bannen. Wir »bedenken« also einfach das Blatt Papier oder was es sonst sei. Wir verladen gleichsam unsere Gedankenstrahlung darauf.

Des weiteren können wir Gedankenkraft und Odströme miteinander kombinieren, indem wir bei Übertragung ersterer gleichzeitig das Papier mit unserer odischen Ausstrahlung durchtränken. Das Pendel wird in Form und Weite, Kraft und Charakter der von Ihnen geschaffenen Schwingung anzeigen.

Wie zahlreiche Experimente bewiesen haben, werden solche Psychogene durch regelmäßige, Wochen, ja Monate fortgesetzte Odeinstrahlung und durch »Bedenken« immer dynamischer in ihrer Schwingung.

So ein »Gedankenwesen« reagiert auf unsere Willensimpulse. Wir können es fortschicken, nicht nur innerhalb des Raums; selbst zu ferngelegenen Orten läßt es sich dirigieren. Kilometer spielen keine Rolle, wie eigene Versuche wiederholt ergaben.

Hat sich das »Gedankenwesen« in seiner Schwingung stark genug entwickelt, dann können Sie Ihrer magischen Schöpfung einen anderen Platz anweisen; vorerst innerhalb des Zimmers. Sie befehlen einfach laut oder in Gedanken, das Psychogen möge sich auf den von Ihnen bestimmten Platz begeben.

Die Pendelkontrolle wird erweisen, wie weit der Versuch als gelungen zu betrachten ist. Das genaue Pendeldiagramm der Gedankenform muß natürlich vorher feststehen.

An Objektivität gewinnt das Experiment, fahndet ein zweiter Pendler nach der ausgesandten Schwingung. Noch überzeugender wird der Versuch, wenn der Partner keine Ahnung hat, wohin Sie das »Fluidalwesen« gedanklich schicken.

Bei exaktem Gelingen setzt sich das Pendel des anderen Versuchsteilnehmers in dem Augenblick in Bewegung, in dem Ihr Indikator zum Stillstand kommt. Schickt nun der

Mitexperimentator gedanklich die Schwingung auf ihren Platz zurück (möglichst ohne daß Sie wissen, wann), so wird Ihr Pendel sofort ausschlagen.

Erweitern Sie die Versuche bei zufriedenstellendem Verlaufe Ihrer Forschungsarbeit.

Senden Sie das »Wesen« in andere Räume innerhalb der Wohnung, später hinweg über Straßen, Bezirke und Landstriche.

XIII. Das astrale Pendel

1. Warnung vor spiritistischem Pendeln

Das ist wohl das dunkelste Zweiggebiet der Pendelforschung, auf dem sich leider nur zu viele, Scharlatane wie Wundersüchtige, »erfolgreich« austoben.

Unendlich schwer ist hier der Verursacher der Pendelbewegungen festzustellen. Die Strahlungstheorie schaltet aus. Entweder es antwortet das Unbewußte oder wir haben es mit jenseitigen Wesenheiten zu tun, je nachdem, ob wir das Phänomen tiefenpsychologisch oder spiritistisch zu erklären versuchen. Lassen wir beide Versionen als Grundlage einer Arbeitshypothese gelten, so ist es nahezu unmöglich, im einzelnen Fall zu unterscheiden, welcher Einfluß – der unterbewußte oder der transzendentale – verantwortlich gemacht werden soll.

Das Unbewußte färbt die Pendelresultate mit den Farben unserer Traumata, Verdrängungen und Komplexe. Die Ratgeber der Transzendenz (sofern wir der spiritistischen Ansicht zuneigen) sind gleichfalls von sehr unterschiedlichem Charakter, wobei meist das Dämonische, das Irreführende überwiegt. In der Regel sind es niedere, unwissende Spirits, die mit uns ihr Unwesen treiben, oder es foppen uns Wesen der Elementarreiche. Am bedenklichsten aber wird die Situation, suchen sich durch das Pendel dämonische Intelligenzen unserer zu bemächtigen. Größte Skepsis also mit Kundgebungen, die Zukünftiges enthalten oder andere auf normalem Wege nicht zu erreichende Mitteilungen.

(Jedem Pendelspiritisten diene der Fall jener von Jenseitigen Totgesagten und sich selbst von »Drüben« Meldenden [die heute noch wohl und munter auf dieser Erde wandelt], den ich in *Unsichtbare Helferkräfte* (Prüfet die Geister – prüfet euch selbst, Seite 123–128) geschildert habe, als Warnung.)

Das allergrößte Mißtrauen ist jedoch geboten – *stimmt* die Antwort! Das mag befremdend klingen, doch wer läßt sich auf die Dauer belügen? Dies scheinen auch jene Kräfte in Rechnung zu setzen, die sich des Pendels bemächtigen, sobald wir den Bereich der diesseitigen Strahlungen verlassen.

Betrüblicherweise kommen viele Anfänger zuerst mit dem »prophetischen« Pendel in Berührung. Das gleiche Lied weiß ich von mir zu singen. Es sah ja so leicht aus, mit dem Pendel die Zukunft zu ergründen. Mühelos kam Antwort auf Antwort. Wer würde da nicht auf den Leim gehen? Stutzig geworden, da sich die schnell kontrollierbaren Aussagen als falsch erwiesen hatten, wurde mir unvermutet etwas diktiert, was unmöglich dem Schatz meines unbewußten Erinnerns entstammen konnte, ein Wort, das ich nirgends jemals gehört noch gelesen hatte! Aber die Bezeichnung stimmte! Dadurch wieder vertrauensselig gemacht, gelang hinterher die Täuschung um so diabolischer. Viele Pendler gestanden mir ähnliche Erlebnisse.

Nur zu berechtigt sind die Warnungen ernster Pendelforscher. Nicht hart genug sind jene Pendel-»Experten« zu verurteilen, die die Behauptung als etwas Selbstverständliches hinzustellen wagen: Das Pendel erteile auf *jede* gestellte Frage die absolut *richtige* Antwort. Die seltenen Fälle derer, die das Glück haben, stets richtig beraten zu sein, dürfen nicht verallgemeinert werden.

Besser wäre es, Sie mieden dieses unsichere Verfahren ganz. Nur falls echter Forscherdrang Sie nicht ruhen läßt, wagen Sie den Versuch unter einer Bedingung: zuerst die Anfangsgründe der Tiefenpsychologie und der Magie gründlich studieren.

Der Arbeitsvorgang selbst ist wohl der denkbar einfachste in der ganzen Pendelpraxis.

1. Richten Sie Fragen an das Pendel, die dieser mit »Ja« oder »Nein« zu beantworten hat.
   Ja = Kreis – Nein = Strich – Pendelstillstand = Die Frage kann oder will nicht beantwortet werden.
2. Fertigen Sie sich ein Schema des Alphabets an. Am zweckmäßigsten bogenförmig im Halbkreis angeordnet, so daß das Pendel, über den Kreismittelpunkt gehalten, bequem jeden Buchstaben in strichförmigem Ausschlag erreichen kann.
   Je nach Größe des Halbbogens können Sie auch Zahlen und die Namen der Wochentage und Monate und was Ihnen sonst noch wichtig scheint, einfügen.

Sie dürfen jede beliebige Frage stellen. Trachten Sie danach zu erforschen, wer wohl dem Pendel die Antwort diktiert. Je weiter Sie in magischem Sinne geschult sind, desto näher kommen Sie dem wahren Urheber.

Als Laie im Labyrinth des Okkulten ist es aber besser, Sie halten sich fern von aller Zukunfts- und Geisterpendelei. Und eines noch: Begraben Sie alle Toto- und Lottohoffnungen! So leicht, wie es manchem dünken mag, läßt sich unser Karma nicht korrigieren. Dafür sorgen höhere Mächte.

2. Feststellung astraler Schwingungen

Dem magisch Versierten eröffnen die astralen Pendelversuche aufschlußreiche Möglichkeiten. Was läge näher, als zu versuchen, festzustellen, *wo* im Raum sich die hypothetischen Wesenheiten befinden, mit denen der Forscher zu arbeiten meint. Eine Kontrollmaßnahme von großem Werte bietet sich hier. Das Pendel, in kundiger Hand, weiß die astralen Schwingungen aufzuspüren.

Wenig ist über diese eigenartige Suchmethode bekannt.

Versuch

Befestigen Sie den Pendelfaden auf die von Ihnen bevorzugte Weise. Drehen Sie die Hand so, daß die Innenfläche nach oben zeigt; zugleich krümmen Sie die Finger – ohne sie jedoch zu verkrampfen – schalenförmig zur Hohlhand. Mit der Linken können Sie gleichfalls eine Schale bilden und diese wie suchend vor den Körper halten.
In dieser Pendelhaltung gehen Sie nun durch den Raum, immer mit der Einstellung, ob sich irgendwo eine astrale Schwingung befinde.

Animistisch orientierte Tiefenpsychologen werden von solchen Versuchen wenig halten und deren Ergebnisse auf das Konto der unterbewußten Gestaltungskräfte buchen, ausgelöst durch vorgefaßte Meinung und Erwartung. Es ist hier nicht der Ort, darüber zu streiten. Jeden möge die eigene Erfahrung belehren. Man erlebt oft Sonderbares.

Bei Tischrückversuchen, die der magischen Forschung dienten, ergab es sich des öfteren, daß das Versuchsobjekt von irgendwo eine unsichtbare Hemmung erfuhr. Seiner »Aussage« zufolge suchte eine andere im Raum befindliche Intelligenz die Tischbewegungen zu stören. Der Tisch bezeichnete genau die Stelle, wo der astrale Störenfried stand. Das Pendel bestätigte jedesmal die Angaben.

Eines Abends jedoch suchte ich vergebens im ganzen Umkreis. Das Pendel rührte sich einfach nicht, obgleich der Tisch bei seiner Behauptung blieb. Von einer Idee erfaßt, riet einer der Teilnehmer, auf einen Stuhl zu steigen und von da aus zu pendeln. Ich tat es – und wir hatten Erfolg. Sofort sprach das Pendel an.

Noch nachdenklicher stimmte ein anderes Pendelergebnis. Durch zu vieles Experimentieren hatte ich mich eines Tages völlig kaputt gependelt. Nicht der leiseste Ausschlag war mehr zu bekommen, egal welches Versuchsobjekt ich benützte. Also lehnte ich es von vornherein ab, astralen

Schwingungen mit dem Pendel nachzuspüren. Nur auf Drängen der anderen ließ ich mich nach langem dazu bereden, war aber von der Aussichtslosigkeit meines Beginnens überzeugt.

Um so größer war unsere Überraschung, als das Pendel über der von dem Tisch bezeichneten Stelle sofort in wütende Schwingungen geriet und so sehr an dem Faden riß, daß dieser mir beinahe vom Finger geglitten wäre. Erfreut über meine wiedererlangte Pendelfähigkeit, suchte ich diese sofort an natürlichen Objekten zu erhärten. Eine neue Überraschung: Das Pendel rührte sich nicht; weder über Schriftstücken, Fotos, noch lebenden Personen. Aber über der ominösen, astral geladenen Stelle schlug es augenblicklich wieder an. Demzufolge überträfe die Strahlkraft transzendentaler Schwingungen die Intensität biologischer Schwingungsformen.

Pendelbilder

In der Regel zeigen sich: Kreis, Ellipse und Strich. Die bei der Charakterauswertung üblichen Elemente lassen sich auch hier anwenden.

Große rechtsgedrehte Kreise deuten auf eine harmonische männliche Intelligenz, rechtsgerichtete weite Ellipsen auf gutgesinnte weibliche Wesenheiten.

Linksdrehung ist bedenklich, desgleichen schmale Ellipsen, besonders wenn sich diese in Ost-West-Richtung oder Schräglage befinden.

Striche deuten auf astrale Schwingungsformen dämonischer Natur, wobei es besonders auf Richtung und Stärke der Ausschläge ankommt.

Die heftigsten strichartigen Ausschläge beobachtete ich vor dem magischen Schutzkreis bei gewissen Experimenten.

XIV. Auspendelung von Symbolen

Symbole bergen wirkene Kräfte. Jede Form ist die sinnbildliche Wiedergabe kosmischer Gesetzmäßigkeit. Die Linienführung jedes echten Symbols ist eine Art Diagramm, das außersinnlichen Gestaltungswillen oder überzeitliche Ideenmächte widerspiegelt. Symbole sind Prägebilder unterbewußter Vorstellungen, archaischer Beziehungen zur Transzendenz.

Nur der esoterisch Wissende kommt dem Urgeheimnis der Symbole nahe. Ohne geschulte Intuition bleibt jeder Deutungsversuch im Grobsinnlichen stecken. Das Erfühlen muß vor dem verstandesgemäß Erfaßbaren stehen.

Das Pendel hilft uns, die Symbole deuten zu lernen. Wir fragen getrennt nach der Kraft oder der Dynamik, die ein Symbol in sich trägt, und nach seiner Ideenentsprechung.

Schon A. Frank Glahn widmete ein besonderes Bändchen seiner Pendelbücherei der Symbolauspendelung. Freilich dürfen die dort gezeigten Pendelfiguren nur als richtungweisend bewertet werden. Maßgebend sind auch hier die eigenen Erfahrungen.

Im folgenden einige Beispiele für Versuche.

1. Versuche mit Ursymbolen

Zeichnen Sie auf ein weißes Blatt Papier je ein Symbol: Kreis – Kreis mit Punkt in der Mitte (Sonnensymbol) – Dreieck (mit der Spitze nach oben und mit der Spitze nach unten) – Quadrat – Kreuz (mit gleichen Balken und mit verlängerter Senkrechten).

1. Zeichnen Sie vorerst die Symbole ohne jede Konzentration und innere Einstellung, also rein mechanisch. Pendeln Sie die Zeichnungen im oben angegebenen Sinne aus. Notieren Sie sich die Diagramme.
2. Verfertigen Sie jetzt die Symbole unter stärkster Imagination mit Vorstellung der esoterischen Ideenentsprechung. Nun pendeln Sie wieder und prüfen Sie, wie weit die jetzigen Ausschläge von den ersten abweichen.

2. Versuche mit dem Pentagramm

Nicht gleichgültig sei es – lehrt die Überlieferung –, *wie,* in welche Richtung die Linien eines Symbols gezogen werden. Besonders klar kommt dies beim Pentagramm, dem »Drudenfuß«, zum Ausdruck.

Zu Schutz und Abwehr bedienen sich die Experten der Magie dieser Linienführung:

Wollen Sie jedoch eine Wesenheit zur Manifestation zwingen, ziehen Sie den Fünfstern auf diese Weise:

wobei wiederum verschiedene Möglichkeiten in der Folge des Linienverlaufes bestehen.

Das Pendel wird Ihnen bestätigen, daß es tatsächlich nicht egal ist, wo wir mit der Strichführung beginnen.

Zu überraschenden Ergebnissen gelangt man mitunter, bedient man sich eines Symbols zu magischen Zwecken.

Ein Beispiel: Beim Auspendeln einer astralen Schwingung im Raum trat mein Mitarbeiter hinter mich und zog in der Luft das Pentagramm. Ohne mir Mitteilung davon zu machen, änderte er verschiedentlich Art und Tempo der Linienführung.

Die Pendelreaktion verblüffte. Unverkennbar lag den Schwingungen eine Gesetzmäßigkeit zugrunde, die mit den entsprechenden Pentagrammfiguren in Einklang stand. Erzwang die eine Stillstand des Pendels, riß es eine andere aus seiner Starre. Je schneller, je kräftiger dabei das Symbol geschlagen wurde, um so heftiger wurde der Pendelschwung. – Der Deutung stehen viele Wege offen.

Leider konnten die vielversprechenden Versuche nicht weitergeführt werden. Der Krieg setzte ihnen ein Ende. Mein mir »gleichgestimmter« Mitarbeiter mußte fort und blieb für immer weg.

Über die Odträger stark magischer Persönlichkeiten schlägt nach Wolf das Pendel in Form von Pentagrammen aus, was auf ein Schöpfen aus den tiefenbewußten Regionen schließen läßt.

3. Versuche mit der »Wolfsangel«

Ein anderes Zeichen, das seine Symbolbedeutung mit Lage und Pfeilrichtung ändert, ist die »Wolfsangel«.

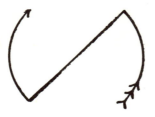

Sie gehört in die Gruppe der Bewegungssymbole und ist Ausdruck starker dynamischer Kräfte. Die Urform des Svastika-Kreuzes besteht aus zwei Wolfsangelrunen.

Zeichnen Sie das Symbol in verschiedener Pfeilrichtung auf und pendeln Sie die einzelnen Figuren nach Charakter und Stärke ab.

4. Versuche mit Siegeln, Glyphen, Talismanen

Haben Sie Sexagramm, Heptagramm und die anderen Sternfiguren erprobt, können Sie sich nunmehr an die Auspendelung von Planetensiegeln und den Charakteren von Intelligenzen wagen, wie sie uns Agrippa von Nettesheim und die Zauberliteratur überliefert haben.

Prüfen Sie diese Zeichen:

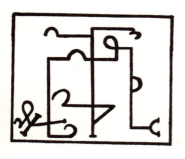 

1. auf deren magischen Gehalt, auf Stärke und Wirksamkeit. Die Größe und Impulsivität der Ausschläge wird es Ihnen verraten.
2. Ermitteln Sie die Charaktereigenschaften der durch die Sigille symbolisierten Wesenheiten.
Richtunggebend sind die Erfahrungen, die Sie bei der Charakteranalyse gemacht haben.

Ähnlich läßt sich mit Glyphen, Amuletten und Talismanen verfahren. Zwei Untersuchungsmethoden ergänzen sich hier:

1. Die direkte Bependelung der Glyphe.
Feststellung ihres magischen Kraftgehalts.
2. Prüfung der Sympathiebeziehung zwischen Schutzzeichen und Träger.
Das Verfahren ist aus der Vergleichspendelung bekannt.
3. Die Vergleichspendelung ermöglicht es uns ferner, bei Verfertigung magischer Utensilien die richtige Auswahl an Zeichen, Metallen, Edelsteinen, Farben und so weiter zu treffen. Nur was sich untereinander in Harmonie befindet, darf verwendet werden.

Bei Verwendung von Edelsteinen ist zu beachten, daß sie echt sind, das heißt naturgewachsen. Synthetische Steine sind magisch völlig wertlos. Das Pendel weiß genau zu unterscheiden zwischen Natursteinen und künstlich hergestellten. Den Imitationen fehlt die natürliche Strahlkraft. Das Pendel reagiert bei diesen nur auf die Substanzen, denen der synthetische Stein seine Existenz verdankt.

5. Runenpendeln

Das Pendel steht auch dem Runenforscher zur Seite. Gleich den anderen Symbolen haben die achtzehn Runen des Futharks ihre charakteristischen Diagramme, die

Rückschlüsse ermöglichen auf die durch die Runenzeichen wirkenden Kräfte, denn Runen symbolisieren »kosmische Feinkraftflüsse«. Es ist nicht ausgeschlossen, daß sie zu den »Richtstrahlen« Straniaks in irgendwelcher Beziehung stehen. (Josse: *Runo-astrologische Kabbalistik*; Spiesberger: *Runenmagie und Runenexerzitien für jedermann*.)

Erproben Sie zunächst die Runen:

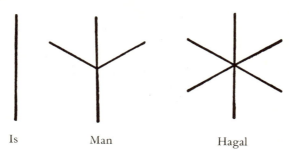

   Is   Man   Hagal

1. Zeichnen Sie jede Rune mit Bleistift oder Tusche gesondert auf ein Blatt Papier, auch in Farben, unter Bevorzugung von Rot und Schwarz, oder mit Kreide auf den Boden oder in die Erde geritzt.
Notieren Sie sich die Diagramme und prüfen Sie in diversen Versuchsreihen, ob Stoff und Farbe die reine Runenschwingung beeinflussen.
Ich machte die Erfahrung, daß es nicht gleichgültig ist, ob man sich gedruckter Runenzeichen bedient, oder ob man Runenkarten und Runenstäbe kultmäßig herstellt.
2. Halten Sie das Pendel über eine reine Unterlage. Denken, singen oder sprechen Sie den Namen einer Rune (wie »Is«, »Man«), bis das Pendel in Schwingung gerät.
Vergleichen Sie die Ausschläge mit den früher erzielten.
3. Nun lassen Sie von einem zweiten Runenkundigen eine Rune schlagen.
Während des Ziehens der Runenstriche, etwa in Metergröße in freier Luft, halten Sie den Pendel dicht davor, immer mit der Einstellung auf den Kraft- oder Ideengehalt der geschlagenen Rune.

4. Jetzt soll der andere Experimentator körperlich die Rune stellen. Zuerst ohne jede Vorstellung, hierauf mit der entsprechenden Einstellung auf den Sinn der Rune, bei gleichzeitigem Sprechen oder Singen der dazugehörigen Runenformel.

Sie halten indes das Pendel dicht neben den Körper des Betreffenden – oder besser noch: über ihn. Auf diese Weise ermitteln Sie Art und Stärke des »Runenstroms«, der, wie Runenpraktiker an sich erfahren haben, in die Aura des Übenden einfließt.

Wo der sensitive Runenforscher den Einstrom am intensivsten zu verspüren glaubt, dort kontrollieren Sie mit Ihrem Pendel. Gestattet eine Runenstellung eine direkte Pendelung nicht, genügt es, die linke Hand an die gewünschte Stelle zu halten. Das Verfahren kennen wir ja bereits.

5. Runen-Mudras – die durch Hand- und Fingerhaltung symbolisch dargestellten Runenzeichen – können auf die gleiche Art untersucht werden.

6. Farbenpendeln

Die Farben mit ihren spezifischen Einflüssen auf Seele und Körper gewinnen in der Psychologie und auch in der Medizin immer mehr an Bedeutung.

Farbe und Charaktereigenschaft stehen in inniger Beziehung. Der Geheimwissenschaftler weiß, daß sich in der menschlichen Aura Farbtöne finden, die Schlüsse zulassen auf den Entwicklungsgrad des Betreffenden. (Siehe Spiesberger: *Die Aura des Menschen*.) Dem dafür interessierten Pendler erschließt sich ein weites Arbeitsfeld.

Für jede Farbe gilt es, ein Diagramm anzufertigen, mit dem man später seine Vergleiche anstellen kann. Es lassen sich auch durch Gegenüberstellung für jeden die individuellen Farbtöne ermitteln, die er im praktischen Gebrauch bevorzugen soll.

XV. Pendel und Rute

Kurz sei noch auf die Wünschelrute verwiesen. Sie ist die Schwester des Pendels. Im Grunde genommen sind Pendel und Wünschelrute Indikatoren desselben Wirkungsfelds, nur spricht das Pendel schon bei minder Sensitiven an, wohingegen die Wünschelrute einen beträchtlich höheren Grad an Sensitivität erfordert.

Mit dem gegabelten Haselzweig spürte man von alters her verborgenen Schätzen nach. Auch der heutige Rutengänger vermag mit seinem Instrument aus Holz oder Metall unterirdische Wasseradern, Mineralien und Erzvorkommen aufzufinden, ja, er gibt sogar die ungefähre Tiefe in Metern an.

Gleich den Schwingungen des Pendels reagieren auch die Rutenausschläge verschieden auf die diversen Stoffe. Jeder Rutengänger muß erst die Diagramme kennenlernen, ehe er darüber Aufschlüsse zu geben vermag.

Ganz wie beim Pendeln sind die Symbolfiguren der schlagenden Rute individuell zu bewerten. Jeder Rutengänger muß sich ein System erarbeiten.

Die Arbeit mit der Rute gleicht in manchem der Methode des passiven Pendelns. Hier wie dort ist Gedankenbeherrschung unerläßlich. Schärfste Konzentration unter Ausschaltung jedes störenden Einflusses von innen oder außen her ist Vorbedingung.

Die Hände halten die Rutengabel mit Ober- oder Untergriff; die Gedanken sind auf das Suchobjekt gerichtet (zum Beispiel auf Wasser, Eisen, Glimmer), ohne jedoch aktiv den Verlauf des Versuches zu bestimmen. Völlig passiv, abwartend, schreitet der Rutengänger durchs Gelände.

Der praktische Wert der Rute kann nicht mehr bestritten werden; es gibt zu viele Beweise. Besonders in wasserarmen Gegenden kann der Rutengänger zum wahren Segen werden. Verwiesen sei unter anderem auf die jahrelange Rutengängertätigkeit des Grafen Matuschka in Ostafrika. (Matuschka: *Munja ja madji. Aus den Afrika-Erlebnissen eines Wünschelrutengängers.*)

Bei der Wünschelrute geht es wie beim Pendel ganz natürlich zu – in ihren letzten Wunderleistungen freilich greift sie ebenso ins »Nicht-mehr-zu-Erklärende«.

Schlägt die Rute über irgendeinem Stoff aus, kann die Strahlung der jeweiligen Materie als Ursache gelten. Wie aber sollen wir die Fälle rational untermauern, bei denen der Rutengänger beispielsweise seinen Indikator über einen Geländeplan hält und das Instrument wunderbarerweise über jenen Stellen ausschlägt, wo das vermutete Vorkommen an Wasser oder anderen Bodenprodukten – dem Planmaßstab entsprechend – draußen auf dem Gelände tatsächlich zu finden ist? Matuschka vermochte sogar an Hand von Landkarten über den Verbleib Vermißter Auskunft zu geben. In solchen Fällen ist die Rute wohl nur mehr physischer Anzeiger seelisch geschauter Vorgänge.

Matuschka fand auch verlorene Gegenstände, zum Beispiel eine goldene Uhr, einen Trauring mit Hilfe der Wünschelrute; selbst Krankheiten diagnostizierte er. (Ein Verfahren, dessen sich schon vor einigen Jahrzehnten Professor Benedikt in Wien bediente.) Die Rute, über den Patienten gehalten, zeigte durch ihre charakteristischen Ausschläge die Art der Erkrankung. (G. W. Surya: *Okkulte Diagnostik und Prognostik.*)

Wer über genügend Sensitivität verfügt, kann sich auch im Rutengehen üben. Wer nicht hierzu befähigt ist, versuche mit dem Pendel den Aufgabenkreis der Rute zu erfassen. Er mache sich für die verschiedenen Bodenstrahlungen empfänglich, indem er sich das eine Mal nur auf Wasser abstimmt, das andere Mal auf einen anderen Stoff. Ist der Pendler dafür aufnahmefähig geworden, dann kann er

Wohnräume auf schädliche Reizstrahlen, verursacht durch unterirdische Wasseradern, untersuchen. Gerade dieses so heiß umstrittene Gebiet bedarf noch sehr der endgültigen Klärung. Gleich dem geschulten Rutengänger vermag der befähigte Pendler viel zur Aufhellung des Problems der gesundheitsgefährdenden Bodenstrahlung beizutragen.

XVI. Ursache der Pendelbewegungen

Abschließend wollen wir nochmals auf die Ursache des Pendelphänomens zu sprechen kommen. Eingangs haben wir schon die drei mutmaßlichen Verursacher der Pendelbahnen gestreift. Wir haben im Verlauf unseres Studiums kaum etwas gefunden, was diesen Hypothesen widerspräche. Dem Naturwissenschaftler wird begreiflicherweise die Emanationstheorie am sympathischsten sein, gleichgültig, ob es sich um strahlende oder durchstrahlte Materie handelt.

Als Mediziner, der sich nicht scheute, sich des Pendels zu bedienen, vertrat Sanitätsrat Dr. Clasen die Ansicht, nur die Radioaktivität sei es, von der der Mensch »wie ein kugelförmiger Nebel von etwa drei Metern Durchmesser umgeben werde«, die das Pendel beeinflusse. Alles, was sich nicht auf Strahlen bezieht, lehnte Clasen als Phantasterei ab. Trotz der vom Standpunkt des Physikers berechtigten Forderung, begnügte sich der Sanitätsrat an Stelle des körperlichen Strahlungsfeldes auch mit Handschriften seiner Patienten; allerdings ebenfalls ein Strahlungsfaktor. Mögen uns diese Emanationskräfte weniger begreiflich erscheinen; seit ihrer Entdeckung durch Friedrich Kallenberg sind sie jedoch nicht mehr zu leugnen.

Kallenberg erklärt den Strahlungsinfluxus der Handschrift wie folgt:

»Mit der flüchtigen Niederschrift eines einzigen Wortes, geschehe sie mit der Feder, mit einem Bleistift oder auch nur Rötel, hat der Autor dem Pendel bereits sein innerstes Wesen in Gestalt einer charakteristischen Ionenbahn ausgeliefert ... *Wann* diese Niederschrift erfolgte, ob gestern, ob vor vielen Jahrhunderten, bleibt gleichgültig. Konzentrisch, beseelt von erstaunlicher Emanationsfähigkeit, welche in unserem Pendel alsbald die so bezeichnenden Schwingungen auslöst, dringt der Elektromagnetismus in das Papier, das Pergament oder was sonst unter seiner Hand liegen mag, ein.«

Der odischen Imprägnation des Lichtbilds legt Kallenberg nachstehendes Phänomen zugrunde:

»In dem Augenblick, in dem der Photograph (durch Öffnen des Verschlusses) die Bahn vom Original, dem Menschen, zur beispielsweise mit Bromgelatine vorbereiteten Negativplatte freigibt, zieht letztere blitzschnell die von der verkleinernden Linse gesammelte und konzentrierte Ausstrahlung der Person an, saugt sie auf; *ihren geistigen, psychischen und organischen Gehalt als Wesenheit.* Dieser Prozeß vollzieht sich mit einer Wahrheitsliebe, der nichts gleichzustellen ist. Aber während man in unzureichender Einsicht hier haltmacht und versucht ist, den von der Platte genommenen Abzug nur als eine tote Kopie anzusehen, hat in Wirklichkeit das Original *einen essentiellen Bruchteil seines gesamten Selbst an die Negativplatte schichtenweise mittels seiner Ausstrahlung übertragen.* Ja, noch mehr: Es besteht fortan eine unzerstörbare Beziehung zwischen dem Menschen, der photographiert wurde, und dem betreffenden Lichtbild – unzerstörbar, solange die Platte oder das Positiv erhalten bleiben.«

Als »Motor, der das siderische Pendel in Bewegung setzt«, bezeichnet Kallenberg »die Radioaktivität, die alle Körper haben«.

»Sie konzentriert sich in der Verbindung von Atomen und Elektronen. In diesem innigen Kontakt bilden sich die Ionenbahnen, elektromagnetische Strömungen, die in bestimmten, äußerst mannigfaltigen geometrischen Figuren beziehungsweise Kurven verlaufen. Den letzteren folgt das durch den Erdmagnetismus aufnahmefähig gemachte Pendel. Die Beobachtung und Systematisierung seiner Schwingungen führt zu jenen Resultaten erstaunlichster Art, von denen ich berichten werde.«

Vor Kallenberg hat sich bereits Freiherr von Reichenbach ähnlich ausgesprochen:

»Die Körper emanieren oder radiieren etwas aus, das ihr Gewicht nicht vermindert, durch Glas hindurchgeht, und das auch auf Entfernung so mächtige Wirkungen ausübt, daß es motorische Tatsachen vollbringt, das heißt die Bewegungen des Pendels beherrscht.«

Straniaks Ansicht von der Durchstrahlung der Materie kennen wir bereits.

Die Meinung vieler Pendler ist, daß im Schnittpunkt der aufeinanderprallenden Emanationen – den Odstrahlen der Hand und denen des Versuchsobjekts – eine dynamische Wirbelbewegung entstehe, die das Pendel mitreiße. Zitternde Pendelruhe soll ihre Ursache im Auftreten widerstrebender, sich gewissermaßen bekämpfender Strahlungen haben.

Daß alles strahlt, Metalle, Steine, Pflanzen, Tier und Mensch, Schrift und Gedanke, bewiesen schon vor mehr als 125 Jahren die Versuche Justinus Kerners mit Friederike Hauffe, der leider noch immer nicht genug gewürdigten »Seherin von Prevorst«. Ihr hochsensitives Empfindungsvermögen bedurfte freilich des Pendels nicht. Es nahm die Ausstrahlung aller Stoffe *direkt* wahr.

In beiden Fällen jedoch – beim Pendeln wie beim seherischen Erfühlen – handelt es sich lediglich um die Wahrnehmungen von Strahlungen durch den Körper des Mediums, wie Justinus Kerner damals bereits erkannte:

»Es zeigte sich die Wünschelrute oder der Pendel somit nur als sichtbarer Zeiger der auf die Nerven wirkenden siderischen Kraft, die sich mit einem aus den Nerven über jene Zeiger strömenden geistigen Fluidum zu verbinden schien.« (E. Sopp und K. Spiesberger: *Auf den Spuren der Seherin.*)

Ein Großteil der Pendelphänomene hängt ohne Zweifel von Strahlungseinflüssen ab; also von Radioaktivität, Od-Emanation, magnetischen Feldern, atmosphärischen Richtstrahlen oder wie man die Fluidalschwingungen sonst benennen mag. Wo aber bleibt diese zwingende Strahleneinwirkung beim Auspendeln anatomischer Abbildungen, beim Suchen von Wasseradern oder Metallvorkommen mit Hilfe eines Plans oder einer Landkarte?

Wie erfolgt die Inbetriebsetzung des Pendelkörpers in jenen unzähligen Fällen, wo nur das aus den Fingern in den Faden einströmende Od zur Verfügung steht, der fiktive Kraftwirbel zweier entgegengesetzter Emanationen überhaupt nicht in Frage kommt? Welcher Einfluß läßt das Pendel Bahnen schlagen, wenn überhaupt kein strahlendes Objekt vorhanden ist? Wirkt hier die Dynamik unserer Psyche, die Kraft von Gedanke und Wille ein? Mitunter auch jenseitige Kraftformen?

Vom Standpunkt der Strahlungstheorie betrachtet keine befriedigende Lösung, obwohl wir dem menschlichen Gedanken, unterbewußtem und astralem Wollen durchaus Bewegung auslösende Impulse zuschreiben dürfen. Ist aber damit die Entstehung sinngemäßer Pendeldiagramme in allen Punkten geklärt?

Vielleicht erfolgen die Ausschläge unter dem Zwang eines Agens, entstammend einer ungekannten Dimension. Mit der Gesetzmäßigkeit des Dreidimensionalen dürfte dem Geheimnis des siderischen Pendels erschöpfend kaum beizukommen sein. Es bleibt, was es seit altersgrau gewesen:

ein magisches Instrument in der Hand des Berufenen.

Literaturhinweise

Prof. Karl Bähr: Der dynamische Kreis. Die natürliche Reihenfolge der Elemente und zusammengesetzten Körper. Dresden, 1861. Sehr selten.

Friedrich Kallenberg: Offenbarungen des siderischen Pendels. Die Leben ausströmende Photographie und Handschrift. Jos. C. Huber, Diessen, 1913. – P-Strahlen. Das Neuland des siderischen Pendels. Leipzig, Max Altmann, 1920.

A. Frank Glahn: Glahns Pendel-Bücherei. Band 1–6. Uranus-Verlag, Memmingen, 1936. (Von der Gestapo beschlagnahmt.)

Prof. Dr. med. Moritz Benedikt: Ruten- und Pendellehre. Wien 1917.

Sanitätsrat Dr. med. E. Clasen: Die Pendel-Diagnose. Max Altmann-Verlag, Leipzig 1929.

Dr. med. Karl Erhard Weiß: Das siderische Pendel im Reiche des Feinstofflichen.

Prof. Leop. Oelenheinz: Der Wünschelring und die Feststellung von Bildfälschungen.

Ing. Ludwig Straniak: Die achte Groß-Kraft der Natur. Jos. C. Hubers Verlag, Diessen 1936.

Magische Briefe: 5. Brief: Pendelmagie. Verlag der Freude, Wolfenbüttel, 1926.

F. Dietrich: Erdstrahlen ...? – Gyromantie. Verlag M. Stadler, Villach.

Gregorius: Pendelmagie. Verlag Richard Schikowski, 1955.

Hellmut Wolff: Siderische Pendelpraxis. Uranus-Verlag, Memmingen, 1950.

Heinrich Jürgens: Pendelpraxis und Pendelmagie. Verlag Hermann Bauer, Freiburg i. Br. 1953.

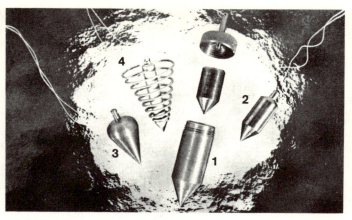

1 BAUERS UNIVERSAL-MESSINGPENDEL, bestehend aus drei Teilen: Geländependel, Normalpendel und Füllpendel.
Länge zus. 4,5 cm, Gewicht zus. ca. 50 g Best.-Nr. 2025

2 BAUERS SPEZIAL-MESSINGPENDEL in Senklotform. Für Anfänger und Fortgeschrittene ein gutes Pendel. Für alle Pendelexperimente geeignet. Exakt und leicht im Ausschlag.
Länge 2,5 cm, Gewicht ca. 15 g Best.-Nr. 2026

3 BAUERS MIMOSAPENDEL. Sehr empfindliches Pendel aus Messing. Anwendbar bei allen Arbeiten im menschlichen, tierischen, pflanzlichen oder sonstigen Bereich.
Länge 3,5 cm, Gewicht ca. 25 g Best.-Nr. 2027

4 BAUERS SPIRALPENDEL. Experimentell vielfach erprobt, 6-fach verstärkter Ausschlag – besonders geeignet für sensible Menschen zu feinstofflichen und spirituellen Ansprechungen.

Länge ca. 4 cm, Gewicht ca. 13 g
FEINSILBER Best.-Nr. 2029
KUPFER Best.-Nr. 2030
MESSING Best.-Nr. 2031

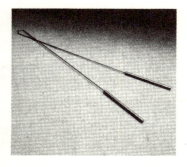

BAUERS STAHL WÜNSCHELRUTE. Vielfach in der Praxis erprobt; mit sehr gutem Ausschlag. Griffe aus Kupfer, Länge ca. 35 cm Best.-Nr. 2032

HERMANN BAUER VERLAG · FREIBURG IM BREISGAU

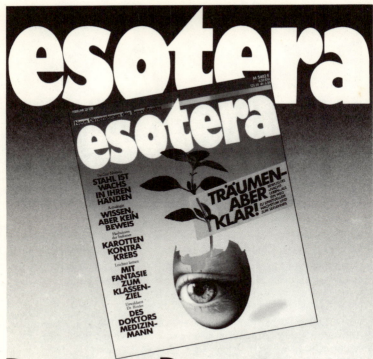

Die neuen Dimensionen des Bewußtseins

esotera
seit vier Jahrzehnten das führende Magazin für Esoterik und Grenzwissenschaften in Europa:
Jeden Monat auf 100 Seiten aktuelle Reportagen, Hintergrundberichte und Interviews über
Neues Denken und Handeln
Der Wertewandel zu einem erfüllteren, sinnvollen Leben in einer neuen Zeit.
Esoterische Lebenshilfen
Uralte und hochmoderne Methoden, sich von innen heraus grundlegend positiv zu verändern.
Ganzheitliche Gesundheit
Das neue, höhere Verständnis von Krankheit und den Wegen zur Heilung
– und vieles andere. Außerdem: jeden Monat auf 10 Seiten Kurzinformationen über
Tatsachen, die das Weltbild wandeln.
Rezensionen von Neuerscheinungen in **Bücher für Sie** und **KlangRaum**.
Viele Seiten Kleinanzeigen über die einschlägigen
Veranstaltungen sowie **Kurse & Seminare** in Deutschland, Österreich, der Schweiz und dem ferneren Ausland.

esotera erscheint monatlich.
Probeheft **kostenlos** bei
Ihrem Buchhändler oder direkt vom
Verlag Hermann Bauer KG.,
Postf. 167, Kronenstr. 2, 7800 Freiburg